KB063274

행여＊공부를＊하려거든

행여 공부를 하려거든

1판 1쇄 발행 2018년 5월 21일
1판 5쇄 발행 2021년 6월 18일

글쓴이 * 정경오
펴낸이 * 조재은
편집 * 김명옥 박선주
디자인 * 슬기와 민 육수정
마케팅 * 조희정
관리 * 정영주

펴낸곳 * (주)양철북출판사
등록 * 제25100-2002-380호(2001년 11월 21일)
주소 * 서울시 마포구 양화로8길 17-9
전화 * 02-335-6407
팩스 * 0505-335-6408
ISBN * 978-89-6372-273-3 03370
값 * 10,000원

잘못된 책은 바꾸어 드립니다.

행여＊공부를＊하려거든

양철북

머리말

습관이 되어야 하는 이유

이 책은 일반계 고등학교 교직 생활 10년 동안 직접 만나고 가르친 고등학생들 3625명의 공부 습관을 관찰하고 기록한 보고서다. 그러니까 그동안의 경험을 바탕으로 한 사실적 기록이다.

공부에 있어 성공과 실패란 무엇일까? 인생도 마찬가지겠지만 성공과 실패의 기준은 산술적으로 명확히 계산될 수 있는 절대적인 것이 아니다. 단순히 반에서 1등을 하고 좋은 대학에 진학했다고 해서 성공한 것도 아니고, 반에서 꼴등을 하고 전문대에 진학했다고 해서 실패한 것도 아니다. 이 책에서 말하고 있는 성공과 실패란 '나는 얼마나 내 꿈에 성실한 사람이 되어 가고 있는가?'하는 것이다. 내가 이번 시험에서 몇 등을 했는가가 중요한 것이 아니라, 내가 목표로 한 것을 얼마나 이루었느냐가 중요하다.

수업과 고3 담임 업무로 쉴 새 없이 바쁜 일상이었지만 책을 써야겠다고 생각하게 된 이유는 안타까웠기 때문이다. 고1 때부터 수업 시간에 졸기 시작한 학생들은 수능시험을 일주일 앞두고도 졸고 있었고, 매번 시험이 끝나고 좌절하는 학생들은 수능시험이 끝나고도 좌절했다. 매일 지각해서 화장실 청소를 하는 학생들은 졸업식 날도 지각을 해서 혼이 났다. 그들은 이미 넘어지는 것에 익숙했고 다시 일어서지 않았다.

공부의 최종 목표는 순위가 아니라, 넘어져도 다시 일어설 수 있는 사람이 되어 가는 과정을 배우는 것이다. 누구나 넘어지지만 누구나 다시 일어서는 것은 아니기 때문이다. 그렇다면 넘어진 사람을 다시 일으켜 세우는 힘은 과연 무엇일까?

굳은 의지는 쓸모없다. 살아 보니 그렇다. 의지보

다 더 필요한 것이 습관이다. 의지는 작심삼일이
되기 쉽지만 습관은 평생을 간다. 넘어진 그들은
게으른 실패자가 아니라 애초에 게으를 수밖에 없
는 잘못된 습관에 빠져 하루하루 어쩌지 못하는 우
리 아이들이었다.

이 책은 '성공한' 학생들의 공부 습관과 '실패한'
학생들의 공부 습관을 함께 다루고 있다. 이 책에
서 말하는 내용들은 당장 눈앞에 닥친 입시뿐만 아
니라, 졸업하고 나서도 평생 배우고 익히며 살아가
야 하는 우리 아이들에게 공부의 기본을 만들어 줄
것이다. 그렇기에 이것은 한 교사가 10년 동안 경
험하고 느낀 공부와 삶에 대한 조언이기도 하다.

나에게도 사랑하는 딸과 아들이 있다. 아버지가 자
식에게 미리 남기는 말이라 생각하고 그동안에 쓴
글들을 책으로 엮었다. 이 땅의 모든 채린이와 율
이에게 이 책을 바친다.

2018년 5월 정경오

차례

1교시

습관 ◦ 통 ◦ 신뢰 ◦ 뿌리 깊은 나무 ◦ 공부의 의미 ◦
정좌 ◦ 마이동풍 ◦ right now ◦ 공수표 ◦ 의욕

2교시

실행력 ◦ early bird ◦ 시간이탈자 ◦ 세뇌 ◦ 1분 ◦ 실수 ◦
학교 수업 ◦ 하수 ◦ 고수 ◦ 본질 ◦ player ◦ 롤링페이퍼

3교시

속도와 정확성 ◦ 기본서 ◦ 책거리 1 ◦ 책거리 2 ◦ 잃어버린
학습법 1 ◦ 잃어버린 학습법 2 ◦ 잃어버린 학습법 3 ◦ 이해력 ◦
10,000 ◦ repeat ◦ speed ◦ 관성의 힘 ◦ 사고의 재구성

4교시

예습지상주의자 ◦ 데드라인 ◦ 가속도의 법칙 ◦ 경청 ◦
호시우행 ◦ 몸의 사고력 1 ◦ 몸의 사고력 2 ◦ 원칙주의자 ◦
복습의 주기 ◦ 대화 ◦ 패턴

점심시간 연료 ◦ 배고픔 1 ◦ 배고픔 2

5교시

무지 ∘ 답 ∘ 서독질의 ∘ 메타인지 1 ∘ 메타인지 2 ∘ 메타인지 3 ∘
5교시 ∘ 기본기 ∘ 이해의 함정 ∘ 오류의 효과 ∘ 해설서

6교시

도 ∘ 마라토너스하이 ∘ 놀이 ∘ 수학 만점자 ∘
질문노트 ∘ 사고의 확장 ∘ 어느 최상위권자의 고백 ∘
메멘토 ∘ 필사가 ∘ 파레토 법칙 1 ∘ 파레토 법칙 2

7교시

이해의 조건 ∘ 시간의 주인 ∘ 학습 플래너 ∘ 모방범 ∘
이미지트레이닝 ∘ 맥 ∘ 형식주의자 ∘ 해석 수준 ∘
속독 ∘ 확률 ∘ 모의고사

청소시간   영업 비밀 1 ∘ 영업 비밀 2 ∘ 영업 비밀 3

보충수업

양날의 검 ∘ 조퇴 ∘ 글씨 같은 것 ∘ 지저분하게 1 ∘ 지저분하게 2
∘ 재수 ∘ 독서력 1 ∘ 독서력 2 ∘ 영어일기 ∘ 단순화

자율학습

결정적 실수 ∘ 13시간 ∘ 인터넷 강의 1 ∘ 인터넷 강의 2 ∘
누적의 중요성 ∘ 빅데이터 ∘ 공부의 틀 1 ∘ 공부의 틀 2 ∘
단권화 ∘ 뼈대 1 ∘ 뼈대 2 ∘ 기록가

자공이 물었다.
"스승님, 대체 어떤 사람을
가리켜서 군자라고 합니까?"
공자가 대답했다.
"행동을 한 뒤에 말을 하는
사람을 가리켜서
군자라고 한다."
《논어》

1교시
2교시
3교시
4교시
5교시
6교시
7교시
보충수업
자율학습

습
관

중학교 때부터 과외 선생을 붙여 지금까지도 과외를 시키는데 국어 점수가 50점을 넘지 않는다고 하소연하는 학부모가 있었다.

상담의 요지는 **그래서 자습을 빼고 집에서 과외를 더 시키겠다**는 것이었다. 그 학생은 지금까지 국어 공부를 단 한 번도 혼자서 해 본 적이 없었다. 그는 옆에 선생님이 없으면 글을 이해할 수 없고 문제를 풀 수 없는 자였다. 그의 뇌는 스스로 생각하고 판단하는 능력을 잃어가는 중이었다.

과외를 그만두는 게 좋겠다고 말하자 흰색 페라리에 아들을 태운 어머니는 인사도 없이 시속 80km로 학교를 빠져나갔다. **시속 30km 제한속도 표지판**의 충고는 그들에게 아무런 효력이 없었다.

친구들과 통하는 자들이 있고 선생님과 통하는 자들도 있으며 공부와 통하는 자들도 있다.

통할 통通이라는 것은 관계나 공부에서 상당히 중요한 단어다. 선생님이 마음을 닫는 순간 학생이 하는 모든 말은 변명이 될 뿐이고, 학생이 마음을 닫는 순간 선생님이 하는 모든 말은 듣기 싫은 잔소리일 뿐이다.

통해야 한다. 통하기 위해서는 공감과 소통이 필요하다. 공부와 통하는 학생들도 **공부와 공감하고 소통하는 자**들이다.

신
뢰

서울대 학생들을 대상으로 '공부를 잘하게 된 원인'을 설문 조사했는데, 1위가 **부모의 신뢰**를 들었다고 한다. 서울대 인류학과에 합격한 학생의 부모님도 그랬다. 아들의 생각과 판단을 존중해 주었고 아들을 신뢰했다. 심지어 담임선생님도 신뢰했다. 2학년까지 정치외교학과를 희망하고 있다가 3학년에 올라와 인류학과로 진로를 바꾸는 엄청난 결단을 내렸다. 그래도 믿고 따라 주었다. 학생과는 많은 이야기를 나눴지만 부모님과는 통화만 한 번 했다. 부모님의 얼굴을 뵌 것은 졸업식 날이 전부였다. 지금까지 많은 부모님들을 만났지만 기억에 남는 부모님은 그들뿐이었다.

그해 서울대 인류학과는 모든 학과 중에 가장 낮은 경쟁률을 기록했다. 그들은 **선생님을 믿는 자**들이었다. '선생님을 믿는다'는 그 한마디가 밤마다 나를 잠 못 들게 하고 그렇게 괴롭힐 줄은 정말 몰랐다.

뿌리 깊은
나
무

어렸을 때부터 아버지와 보내는 시간이 많았던 학생이 있었다. 아버지와 목욕탕도 같이 다니고 여행도 자주 다녔다. 특히 시간이 날 때마다 공통 관심사인 경제 관련 신문기사를 읽고 이야기를 나누거나, 아버지가 구해 온 새로운 논문을 읽고 토론하는 것을 즐겼다고 한다. 아들과 아버지의 관계는 관심사가 비슷한 친구 같아 보였다. 상담하는 내내 어머니가 아버지의 옆구리를 찔렀다. 경제에 관심이 많은 철없는 아들 둘과 어머니가 내 앞에 앉아 있는 기분이었다.

그해 그 학생은 내신 성적 1.5에 수시종합전형으로 서울대 경제학과에 합격하는 기염을 토했다. **아들은 아버지를 무척 사랑한다고 했다.**

공부의
의
미

핸드폰을 공부하기 위해 **핸드폰 매장을 한 번 방문한 자**가 단지 그것만으로 **핸드폰의 원리와 구조 그리고 생산방식**을 설명하려고 한다면, 과연 그가 하는 말을 믿을 수 있겠는가?

석부정 부좌席不正 不座. 자리가 반듯하지 않으면 앉지 않았다는 뜻으로 《논어》에 나오는 말이다. 사소한 일이라도 바르지 않은 것은 용납하지 않았던 공자의 엄격한 태도를 엿볼 수 있는 말이기도 하다.

바르게 앉아야 바른 생각이 나온다. 공부 시간에 항상 바르게 앉으려고 노력하는 학생들이 있다. 그들의 얼굴은 진지하며 눈빛이 살아 있다는 것이 특징이다. **자신에게 엄격한 자**들이다. 아직까지 그들이 책상에 엎드려 공부를 하거나 주머니에 손을 꽂은 채로 공부를 하거나 다리를 꼬거나 등을 삐딱하게 기댄 채 공부하는 모습을 본 적이 없다.

과학적인 근거를 찾을 수는 없으나 눈빛이 흐리면 자세가 바르지 못하고 자세가 바르지 못하면 공부에 의욕이 없다. **자신에게 엄격하지 못한 자**들의 특징이다.

마이동풍

마이동풍 馬耳東風. 말의 귀로 동풍이 스쳐 지나간다. 동풍은 봄바람이다. 아프지도 따갑지도 않다. 말은 꿈쩍도 하지 않는다. 누가 무슨 말을 해도 조금도 들을 생각을 하지 않을 때 이 말을 쓴다.

말의 귀를 가진 자들. 그들에게는 선생님들의 진심 어린 조언도 어떠한 소용이 없다. 이들은 듣고 있어도 듣지 못하는 자들로, **귀가 닫힌 자**들은 마음의 문까지 닫혀 외롭고 힘든 학교생활을 하는 경우가 많다. 그들은 문제의 원인을 자신이 아닌 다른 사람에게서 찾으려는 경향이 있다. 반면에 **귀가 열린 자**들은 다른 사람이 아닌 자신을 바꾸기 위해 노력하는 자들로서 변화의 가능성이 매우 높은 자들이다.

"선생님 저는 독서실에서 공부를 해야 집중이 잘
돼요"하고 말하는 학생들이 있다. **공부의 조건이
까다로운 자**들이다. 독서실 같은 조건에서만 집중
이 잘된다는 것은 독서실에서 시험을 봐야 점수가
잘 나온다는 말이다. 그래서 그들의 성격만큼이나
성적도 늘 까다롭다. 문제의 원인을 자신이 아닌
외부에서 찾는 자들이 대부분이다. 반면에 거기가
어디가 됐든 바로 거기서 30초, 1분이라도 공부를
하는 자들이 있다. **그곳이 어디든 당장 공부를 시작
하는 자**들, 최상위권은 그들 가운데 있다.

공수표

학교에는 말보다 행동이 먼저인 자가 있고, 행동보다 말이 먼저인 자들이 있다. 매일 지각을 하는 자들이 가장 많이 하는 말은 '내일은 꼭 지각하지 않겠다'는 것이고, 매번 시험에서 울상을 짓는 자들이 가장 많이 하는 말도 '다음 시험은 꼭 잘 보겠다'는 것이다.

자신이 내뱉은 말대로만 세상이 돌아간다면 더 이상 바랄 게 없겠지만, **행동보다 말이 먼저인 자들이** 내뱉는 말들은 공허한 메아리가 되어 사라져버릴 뿐이다. 내가 지금까지 보아 왔던 최상위권의 학생들은 언제나 **말보다 행동이 앞서는 자**들이었다. 그들은 주로 어떤 결과가 나온 다음에야 그것에 대해 말을 했고, 가능한 한 말을 아꼈으며 함부로 공수표를 던지지 않았다.

당신은 말이 먼저인 사람인가, 행동이 먼저인 사람인가?

의욕

그것이 무엇이든 자리에 앉아 **시작하는 자**들은 웃는 자들이며, **시작하지 않았기 때문에 의욕이 생기지 않는 자**들이 웃지 않는 자들이다.

습관을 들이려거든

1 **학원과 과외에 의존하지 않는다**

시험 시간은 누구나 혼자가 된다. 혼자서 읽고 생
각하고 판단하는 연습을 꾸준히 하라. 누군가에게
의지하는 것이 습관이 되면 나중에는 혼자서 해결
할 수 있는 문제가 하나도 없을지도 모른다.

2 **마음의 문을 연다**

누군가에게 마음을 연다는 것은 받아들일 준비가
되어 있다는 뜻이다. 받아들인다는 것은 자신이 성
장할 수 있는 발판을 마련하는 것이며, 상대의 마
음을 열 수 있는 열쇠이기도 하다. 공부도 그렇다.

3 **부모님과 선생님을 믿는다**

부모님을 믿지 못하면 가정엔 불화가 찾아오고, 선
생님을 믿지 못하면 배움에 발전이 없다.

4   **선생님의 조언과 질책을 받아들이고 인정한다**

완벽한 사람은 없다. 중요한 것은 다른 사람의 생각을 받아들이는 자세. 선생님의 조언과 질책은 고루한 것처럼 들리지만 경험에서 우러나오는 지혜의 산물이자 학생들에 대한 관심인 경우가 많다.

5   **책상 앞에서는 바른 자세를 유지한다**

바른 자세를 유지하려는 마음 자체가 공부다. 모든 스포츠가 그렇듯이 공부하는 데도 바른 자세가 중요하다. 바른 자세에서 바른 정신이 나온다.

6   **말 대신 행동으로 보여 준다**

공부를 열심히 하겠다는 말보다는 공부를 열심히 하는 모습이 필요하다. 행동보다 말이 앞서면 대부분 실패로 끝난다.

7   지금 당장 시작한다

조건과 핑계를 달지 말라. 그것이 무엇이 되었고, 그곳이 어디가 되었든 책을 펴고 시작하는 자들이 결국 웃는다.

8   독서실을 피하고 공부는 학교에서 한다

의지가 강한 사람도 독서실에서 혼자 공부하는 것은 무척 힘든 일이다. 학교 대신 독서실에서 혼자 공부하겠다는 말은, 공부하다 힘들면 잠깐 친구와 어울리거나 핸드폰 게임을 하거나 아니면 잠깐 잠을 자고 공부를 하겠다는 말과 비슷한 의미이다.

우리 모두 가슴속에는
불가능한 이상을 품자.
하지만 현실에서는
철저한 현실주의자가 되자.
체 게바라

1교시
2교시
3교시
4교시
5교시
6교시
7교시
보충수업
자율학습

실
행
력

아침에 학교에 와서 자리에 앉자마자 **눈을 붙이거나 핸드폰을 보는** 자들이 있는가 하면, 지체 없이 **곧바로 책을 펴는** 자들이 있다. 당신은 어느 쪽인가? 확실한 것은 후자의 공통점이 모두 **계획표**를 쓴다는 것이다. 그렇다면 지체 없이 곧바로 책을 펴는 이러한 실행력은 어디에서 오는가? 바로 계획표에서 온다.

계획은 성공과 실패의 분기점이다. 그해의 **학사 일정**을 보고 **월간계획**을 세우고 그걸 토대로 **주간계획과 일일계획**을 세우는 자가 있다면 그는 이미 상위 1%이다.

early
bird

오전 6시 30분. 아직 동트지 않은 시간, 어두운 교
실에 불을 밝히고 매일같이 공부를 하는 학생들이
있었다. 학교에 일찍 출근하는 편이라 일 년 동안
그들의 모습을 거의 날마다 볼 수 있었다.

그들은 **남들보다 일찍 공부를 시작하는 즐거움을 아
는 자**들이었고, 이른 아침이 늦은 밤보다 훨씬 맑
은 정신으로 많은 양의 공부를 할 수 있는 시간이
라는 것도 잘 알고 있었다. 보통 학생들의 등교 시
간이 8시 30분이라는 점을 생각해 보면 정말 대단
한 학생들이었다. 그해 두 학생은 모두 수시전형으
로 의예과에 합격했다.

늦게 일어나는 자들은 주로 밤늦게까지 학원이나
독서실을 다녔고, 간혹 점심시간이 되어서야 정신
을 차리는 이들도 있었다.

시간
이
탈
자

쉬는 시간에도 계속해서 쉬는 자들이 있고, 쉬는 시간이 되면 깨어나서 활개를 치는 자들도 있으며, 쉬는 시간이면 바로 책을 덮고 휴식을 취하는 자들이 있고, 30초, 1분이라도 정리를 하고 쉬는 사들이 있다. 그런가 하면 **해결하지 못한 그 싱싱한 생각에 한참을 몰입해 있는 자들**도 있다.

시간에 구애받지 않고 펄떡이는 생각에 한참을 집중하는 자들. 우리는 그들을 가리켜 **시간이탈자**라 부른다. 10분이면 알 수 있다.

기계공학자가 되기 위해 1학년 때부터 학교생활기록부를 기계공학자에 적합한 내용으로 알차게 채워간 학생이 있었다. 장래 희망도 3년간 기계공학자였으며, 읽은 책들도 죄다 기계공학과 관련된 책들이었으며, 3년간 기계공학과 관련된 동아리 활동을 했다. 그는 **스스로를 세뇌시킨 자**였다. 학교 교육과정에 개설되지 않았던 '물리2' 과목을 독학까지 해서 수능시험 1등급을 맞은 정말 독한 학생이었다.

외모와 말투까지 기계공학자처럼 변해가더니 생각까지도 그렇게 변해갔다. 그는 수시종합전형으로 포항공대 기계공학과에 합격했다.

1
분

1분이라는 시간을 온전히 그 무엇에 집중해 보라. 그 무엇이 부모가 되었든 친구가 되었든 자신의 생각이 되었든, 그 1분이라는 시간이 가지고 있는 힘과 가능성은 실로 놀랍다.

쉬는 시간이 되면 **1분의 가치를 아는 자**들을 볼 수 있다. 수업이 끝나자마자 책을 덮는 자들이 대부분이지만 그들은 바로 책을 덮지 않는다. 1분 동안 50분의 수업에서 배운 내용을 꼭 정리한다. 이것저것 입어 보았던 옷들을 옷걸이에 걸어 차곡차곡 정리하는 것이다.

대부분의 학생들은 옷들을 함부로 처박아놓아서 다음에 원하는 옷을 입기 위해서는 오랜 시간이 걸리거나 누군가의 도움이 필요하다. 그 누군가는 주로 엄마나 선생님이 되기 쉽다.

시험에서 매번 **실수하는 자**들은 틀린 이유가 실수였다고 말하고, 시험에서 **실수하지 않는 자**들은 틀린 이유가 몰랐기 때문이라고 말한다.

학교 수업

어질고 총명하여 성인에 다음가는 사람을 가리켜 **현인**賢人이라고 한다. 학교에서는 현인을 가리켜 **눈 뜬 자**라 칭한다. 눈 뜬 자들은 하루에 공부하는 시간의 대부분이 '학교 수업 시간'에 이루어진다는 것을 알고 있다. 전국 4년제 대학 194곳이 해마다 정시모집 인원을 줄여가면서 수시모집 비율을 늘리고 있다는 게 무엇을 의미하는지 잘 알고 있으며, 그래서 학교 수업에 목숨을 거는 이들이기도 하다. 상위권으로 갈수록 학교 수업 시간에 조는 모습은 더더욱 찾아볼 수 없다.

수면 시간이 수업 시간을 초과하는 이들이 바로 **눈 감은 자**들이다. 수업 시간을 대충 보내버리고 학원 수업이나 과외에 신경을 쓰는 것도 눈 감은 자들의 공통된 모습이다. 눈 뜬 자들과 다르게 교과 선생님들이 하는 말을 믿지 못하는 것도 눈 감은 자들의 두드러진 특징이다. 특히나 수업 도중 "학원 선생님이 그렇게 얘기하지 않았는데요" 하면서 선생님들의 화를 돋우는 것도 이들의 특기 중 하나다.

하
수

훌륭한 요리사들은 모두 자신만의 칼을 가지고 있
다. 이 칼 저 칼 쓰지 않는다. 비싼 칼이 좋은 칼이
아니라 자신에게 맞는 칼이 좋은 칼이다. 남들이
좋다 하는 교재를 **이것저것 쓰는 자**들이 있다. 전형
적인 **하수**下手다.

고수

훌륭한 요리사들은 모두 자신만의 칼을 가지고 있다. 이 칼 저 칼 쓰지 않는다. 하지만 진정한 **고수** 高手는 어떤 칼을 쓰든 훌륭한 요리를 만들어 낸다. 고수와 하수의 차이는 도구에 있지 않고 **요리를 대하는 마음**에 있다.

어떤 교재가 좋은 교재인가는 그리 중요하지 않다. 중요한 것은 어떤 교재를 보든 그 교재를 통해 배움을 얻고 성장하고자 하는 마음이다. 그런 마음만 있다면 싸구려 식칼로 별 다섯 개짜리 요리를 만들 수도 있다.

본
질

학습 플래너를 쓰는 학생들 중에는 그날 **공부한 시간을 체크하는 자**들이 있는가 하면 그날 **공부한 단원을 체크하는 자**들이 있다. 당신은 어느 쪽인가?

'공부는 엉덩이로 하는 것'이라 믿고 수면 시간을 줄여가면서 매일 새벽까지 공부한 시간을 기록하는 학생이 있었다. 조회 시간이면 그의 눈은 언제나 붉게 충혈되어 있었다. 수업 시간에 조는 횟수도 많아지더니 '열심히 공부하는데 성적은 오르지 않는다'며 상담하는 내내 괴로워했다. 그의 플래너에는 그동안 자신이 공부한 시간이 꾸준히 기록되어 있었으나 어떤 단원을 공부했는지, 무엇을 알게 되었고 무엇을 보충해야 하는지에 대한 기록은 어디에도 보이지 않았다.

그는 공부의 본질보다는 공부를 해야 한다는 의무감 때문에, 늦은 시간까지 의자에 엉덩이를 붙이고 있어야만 하는 대한민국의 고3 수험생이었다.

이 세상에는 두 종류의 플레이어들이 있다. **하드싱커**hard thinker**와 하드워커**hard worker. 이 둘은 자신의 일에 전문적이라는 점에서 비슷하지만, 무엇인가를 창조하고 생산해 내는 일의 효율 면에서는 뚜렷한 차이를 보인다.

학교에도 두 종류의 플레이어들이 있다. **열심히 생각하는 자**들이 하드싱커, **열심히 공부하는 자**들이 하드워커다. 싱커들은 스스로 깨달아 아는 자들이고 워커들은 가르쳐 줘야 아는 자들이다. 하나를 알려 주면 열을 아는 자들이 싱커, 하나를 알려 주면 하나를 아는 자들이 워커다. 끊임없이 물음표를 다는 자들이 싱커, 끊임없이 느낌표를 다는 자들이 워커다.

둘을 가름하는 사소한 차이는 바로 공부를 대하는 마음가짐에 있다.

롤링
페
이
퍼

수시종합전형으로 서강대 '사학과'와 성균관대 '사학과'를 동시에 합격한 학생이 고등학교 2학년 이었을 때 반 친구들이 썼던 롤링페이퍼 내용을 그 대로 옮겨 본다. 무엇이 보이는가?

○ 자신이 알고 있다고 해서 절대 자만하지 않는 친구다. 조용한 성격인 게 아쉽다.

○ 세계사, 한문, 한국사 등 인문학적 소양과 전문적 지식이 해박하며, 신념이 확고한 학생이다.

○ 역사를 잘한다. 공부도 잘한다. 조용한 것 같았는데 의외로 재밌다.

○ 한문과 한국사를 좋아하며 신념이 뚜렷하다.

○ 역사와 한문에 대한 지식이 풍부해 친구들의 공부에 큰 도움을 주는 친구다.

○ 혼자서 연구하고 탐구하는 활동을 좋아하는
  친구다.

○ 사학이라는 비인기 종목에 자신의 미래를 걸
  정도로 한국사에 대한 열정이 대단한 것 같다.

○ 눈물이 많은 남자.
  하지만 외유내강의 멋진 친구.

○ 주장이 강하고 좋아하는 것이 분명하다.
  문과지만 이과 수학을 푸는 것을 보면 알 수 있다.

○ 역사적 지식이 매우 뛰어나고 모든 시간에
  진중하다.

나는 롤링페이퍼에서 이 학생의 미래가 보였다. 그
는 보통의 학생들과 다르게 **하고 싶은 공부가 확실
한 자**였다.

습관을 들이려거든

9 **학습계획표를 작성한다**

'연간계획표−월간계획표−주간계획표−일일계획
표'의 순서로 학습계획을 구체적으로 작성하는 것
이 좋다. 일일계획표는 60분에서 30분 단위로 계
획하라.

10 **일찍 시작하고 일찍 끝낸다**

늦게 시작하고 늦게 끝내지 말라. 새벽까지 잠을
참아가며 흐릿한 정신으로 3시간을 공부하는 것보
다, 이른 아침에 맑은 정신으로 1시간을 공부하는
것이 훨씬 현명하다.

11 **시간에 구애받지 않고 생각에 몰입하는 경험을 한다**

한 번이라도 좋으니 몰입의 즐거움을 제대로 느껴
라. 처음에는 무척 힘들겠지만 이러한 경험이 두
번 세 번 반복될수록 몰입의 속도는 점점 빨라지고

생각은 더욱 명확해질 것이다.

12 **공부한 다음엔 반드시 정리한다**

10분이 되었든 1분이 되었든 공부가 끝난 후에는 꼭 정리하는 습관을 만들어라. 기억력이 좋아지고 학습의 효율은 더 높아질 것이다.

13 **학교 수업에 목숨 건다**

요즘은 수시로 대학 간다. 교내 시험부터 수행평가까지 내신을 결정짓는 모든 것이 학교 수업 시간에 이루어진다. 학원이나 과외, 인터넷 강의 들은 모두 학교 수업을 위한 도구여야 한다.

14 **자신에게 맞는 교재를 선택한다**

자신에게 맞는 교재란 우선 자신에게 쉬워야 한다. 쉽다는 것은 내용이나 해설이 자신의 이해 수준에 맞게 잘되어 있다는 것이지 문제의 수준이 쉽다는 것은 아니다. 다시 말하지만, 쉽고 좋은 책은 이해하기 쉬워야 한다. 쉬운 용어와 해설을 사용한다는 것은 저자가 자신이 말하고자 하는 것에 대해 충분히 알고 있다는 것을 뜻한다.

15 생각하고 또 생각한다

열심히 공부하는 것도 중요하지만 더 중요한 것은 열심히 생각하는 것이다. 생각하고 또 생각하라. 공부란 결국 생각하는 힘을 기르는 것이라 생각하고 열심히 생각하라. 생각하다 보면 답이 보이고 길이 보일 것이다. 그러니 열심히 생각하라.

"당신은 어떻게 해서
그렇게 뛰어난 인문학적 지식과
지혜를 가지게 되었습니까?"
"다른 사람이 한 번 읽을 때
나는 100번을 읽는다.
다른 사람이 10번 읽으면 나는
1,000번을 반복해서 읽는다."
주자

1교시
2교시
3교시
4교시
5교시
6교시
7교시
보충수업
자율학습

속도와
정확성

축구 선수가 경기장에서 결정적인 순간을 맞이했다. 골키퍼와 1 대 1의 상황이다. 그 순간 그에게 필요한 것은 골을 넣기 위한 이론과 방법이 아니라 골을 넣기 위해 빠르고 정확하게 움직이는 몸과 발이다. 골을 넣기 위해 하는 수십 가지의 생각은 훈련을 통해 이미 숙달되어 있어야 프로다.

숙달은 반복을 통해야 얻을 수 있는 익숙함이다. 반복하면 익숙해지고 익숙해지면 정확하고 빠르게 반응할 수 있다.

문제를 정말 **빠르게 푸는 자**들이 있다. 빠르게 푸는 자들이 대부분 **정확하게 풀어내는 자**들이다. 빠르게 푼다는 것은 익숙하다는 뜻이기 때문이다. 그렇다면 익숙함은 어디에서 나오는가? 방법은 이미 알려 주었다.

기본서

수업 교재가 정해졌더라도 자신만의 기본서가 따로 있는 학생들이 있는가 하면, 학원 교재가 기본서인 학생들이 있다. 전자는 주로 학교의 수업 진도에 맞춰 **기본서를 병행하는 자**들이고 후자는 주로 **학원 진도에 맞춰 공부하는 자**들이다.

기본서를 병행하는 자들은 자신이 공부할 책은 자신이 스스로 선택하는 경향이 강하고, 책은 빌리는 것이 아니라 사는 것이 원칙이라고 생각한다. 책은 한 번에 한 권씩만 사고 책을 산 그 순간부터 곧바로 공부를 시작하는 적극성이 있는 반면, 학원 교재가 기본서인 자들은 이 모든 것들을 학원에 의지하는 경향이 있다.

학원이 그들에게 도움을 줄 순 있어도 그들의 미래까지 책임지지 않는다는 것을 그들은 모르고 있다.

책
거
리
1

옛날 서당 같은 곳에서 학생이 책 한 권을 다 읽어 떼거나 베껴 쓰고 난 뒤에 선생과 동료들에게 한턱 내는 일을 '책거리'라고 한다.

요즘에도 **책거리를 하는 자**들이 있다. 매섬에서 과자를 사 와 그냥 먹고 이야기 나누다 끝나는 것이 대부분이다. 문제는 그 이후에 발생하는데 한 번 본 책을 두 번 다시 보지 않는다는 것이다.

책 한 권을 다 읽거나 베껴 쓴 일을 축하하는 이유는 무엇 때문인가? 그것은 이제야 초급 과정을 떼고 본격적인 학문의 세계로 들어가는 첫 관문을 넘었기 때문인데, 한 번 본 책을 **복습하지 않는 자**들이 반복과 사색이라는 두 번째 세 번째 관문을 넘지도 못한 채 자축하고 있으니 참으로 복장이 터진다.

책
거
리
2

본래 책거리는 자신의 학문이 성장함을 축하하고
친구들의 학업 성취를 독려하는 의미도 있지만 그
보다는 **선생님의 노고에 답례하는 뜻**이 가장 크다.
그러나 어찌 된 일인지 요즘의 아이들은 자꾸 나에
게만 쏘란다.

잃어버린
학
습
법
1

'단순한 암기'를 요구하는 것이 시대에 뒤처진 학습법이라고 생각하는 사람들이 많다. 실제 시험에서도 예전에는 관련 지식을 외워야 풀 수 있었던 문제들이 지금은 문제의 '보기'로 제시가 되면서 정보를 잘 조합하고 추론해 답을 고르면 그만이다. 그래서 주어진 정보가 충분하지 않거나 조금만 복잡해지면 아이들은 혼란에 빠진다.

1학년 때 배운 기본 개념이 기억이 안 나 3학년이 돼서도 다시 처음부터 공부하거나, 배우지 않았다고 발뺌하는 자들도 있다. 문제는 **아이들의 기억력이 점점 나빠지고 있다**는 점이다. 3년 동안 공부했던 〈여승〉이라는 시를 쓴 작가가 백석이라는 것을 모르는 아이들이 부쩍 늘었다. '그걸 알아 무엇

하겠냐'고 말하는 자들이 있지만, 분명한 것은 암기하지 않으면 해결할 수 없는 문제들이 있고, 이해만 가지고는 그것을 정확하게 재생시킬 수 없어 해결할 수 없는 문제도 있다는 사실이다.

자신을 합리화하는 말로 '수능시험에서 암기는 필요 없다'고 말하는 자들이 있지만, 상위권으로 갈수록 **암기를 잘하는 자**들이 많다. 암기도 중요한 학습 능력이다. 단기기억에 있는 정보는 많이 재생될수록 장기기억으로 갈 확률이 높고 그 과정에서 지식들은 거미줄처럼 연관되고 확장되어 깊어진다. **이 세상에 '암기'는 있어도 '단순한 암기'란 없다.**

잃어버린
학
습
법
2

등교 시간 버스에서 핸드폰을 잃어버린 학생이 급하게 엄마에게 전화를 걸 일이 생겼다. 그러나 그 학생은 교무실 전화기 앞에서 엄마 전화번호가 생각이 안 나 한참을 쩔쩔맸다.

핸드폰이 없으면 엄마에게 전화도 걸 수 없는 그 고3 학생은 수업 종이 울리자 **'기하와 벡터'** 수업을 듣기 위해 서둘러 교실로 뛰어갔다.

잃어버린
학습법
3

"너의 공부 비결은 뭐니?" "암기요." 3학년 2학기 중간고사 인문 계열 1등의 대답이다. 그가 말하는 암기는 단순한 기계적 암기를 뜻하는 것이 아니다. 교과목의 **목차**를 활용한 체계적 암기였으며, 깊게 들어가는 것보다 '넓고 다양하게' 그리고 지식 간의 연관을 중요시한 암기 방법이었다.

문제를 많이 풀다 보면 **비슷한 유형의 문제들이 눈에 익고 개념들이 거미줄처럼 연관되어 자연스럽게 머릿속에 기억되는 것**이지 문제나 개념을 억지로 외우는 식의 암기가 아니란다. "반복해서 보면 암기가 되고 암기가 되면 이해하기 쉬워요. 반복이 답인 것 같아요!"

그는 **반복하는 자**였고 반복이 거듭될수록 지식이 쌓여 지식의 총량이 증가한다는 걸 체득한 학생이었다. 단순하다! 단순해서 명쾌하고 깊다!

이
해
력

시험에서 문제를 틀리는 가장 중요한 원인은 문제를 많이 안 풀어 봐서가 아니라 문제를 온선히 **이해하지 못했기 때문**이다.

10,000

고등학교에 올라와 수학 울렁증을 앓는 학생이 있었다. 수학이 발목을 잡았다. 그 학생은 매일 쉬는 시간 10분 동안 수학 문제를 3개씩 풀기 시작했다. 어떤 날은 쉬는 시간에만 푼 문제가 30개가 넘을 때도 있었다. **그가 가진 최대의 장점은 성실함이었다.** 1학년 1학기 내신 평균 2.4등급. 1학년 2학기 2등급. 2학년 1학기 1.7등급. 2학년 2학기 1.6등급. 3학년 1학기 1.1등급. 과외를 하거나 학원 한 번 다니지 않았다.

10,000이라는 숫자는 그 학생이 1년 동안 쉬는 시간에 푼 수학 문제의 개수였고, 3년 동안 30,000개의 문제를 풀었다. 그는 수시종합전형에 합격해 서강대 국제인문학부에 재학 중이다. 그는 우리 학교에서 유일하게 쉬는 시간에도 **쉬지 않는 자**였다.

repeat

반복하는 자들은 책 한 권을 여러 번 반복하며 깊이 있게 공부한다. 성적은 아는 것이 많다고 오르는 것이 아니고, 아는 것을 확실히 알 때 오르는 것이라고 생각하는 이들이다. **반복하지 않는 자**들은 넓고 얕게 아는 경우가 많다. 문제를 풀 때마다 헷갈려서 틀렸다는 말을 입에 달고 사는 자들이다.

반복하는 자들은 상황에 따라 틀린 문제만 다시 풀어 보거나 해설만 읽어 보거나 선택지에 나온 개념들만 정리하거나 하는 등 다양한 반복을 시도하지만, 반복하지 않는 자들은 반복을 하더라도 단순히 처음부터 시작해 중간에 그만두는 경우가 많다.

반복하는 자들의 학습 속도는 시간이 갈수록 빨라지며 생각의 속도와 학습량도 월등히 증가한다.

수학 문제집 한 권을 7~8번씩 반복해서 푸는 학생
이 있었다. 수학 과목을 공부할 때는 한 문제집을
여러 번 반복해서 푸는 방법을 주로 썼는데, 반복
해서 문제를 풀다 보면 그 문제집의 내용을 외울
정도가 되고 외운 내용을 응용해 다른 문제도 풀
수 있게 된다고 했다.

그는 반복하는 자였고 반복이 거듭될 때마다 문제
를 푸는 속도가 빨라지고, 문제를 푸는 속도가 빨
라지니 집중이 더 잘된다고 했다. 그는 우리 학교
에서 **수학 문제를 가장 빨리 푸는 자**였다.

관성의 힘

모든 물체는 자신의 운동 상태를 그대로 유지하려는 성질이 있다. 아무런 힘을 가하지 않으면 정지해 있거나 등속운동을 하려고 한다. 공부에도 **관성**이 적용된다.

규칙적인 학습 패턴을 갖고 있는 학생들은 그렇지 않은 학생들에 비해 학업 스트레스가 적다. 그들은 '이걸 꼭 해야 하는가? 하지 않아도 괜찮은가?'로 고민하지 않는다. 정해진 패턴대로 책부터 편다.

관성에 의해 계속 등속운동을 하려는 자들이 패턴을 가진 자들이며, 계속 정지해 있으려고 하는 자들이 패턴이 없는 자들이다.

사고의
재구성

한 번 풀고 버리는 문제집은 쓰레기가 되지만, 두 번이고 세 번이고 틀린 문제를 다시 풀어 볼 때 그 문제집은 보물이 된다. 교과목 우수상을 놓치지 않는 자연 계열 수학 최상위권자의 공부 습관이다.

틀린 문제를 반복해서 풀다 보면 **사고**思考가 반복해서 쌓이고, 그 과정에서 사고가 재구성된다. 안 보이던 것이 보이는 것이다. 그는 그러한 경험을 이렇게 표현한다.

"문제 풀다 뒤통수를 세게 맞는 기분!"

틀린 문제는 두 번이고 세 번이고 반드시 다시 풀어야 한다고 강조하는 그는 지난해 서울대 수학교육과에 합격했다.

습관을 들이려거든

16 반복하고 반복한다. 그리고 또 반복한다

턱걸이의 횟수를 늘리는 방법은 간단하다. 하나씩 매일 반복하면 된다. 방법을 이론적으로 완벽히 알고 있다고 해도 매일 반복해서 당기지 않으면 하나도 할 수 없는 것이 턱걸이다. 공부도 그렇다.

17 기본서는 학교 수업 진도에 맞춰 병행한다

학원 수업이 주가 되어서는 안 된다. 기본서는 학교 수업을 위한 책 한 권이면 충분하다. 한 권을 자세히 읽고 여러 번 읽는 것이 백 권을 한 번씩 읽는 것보다 낫다. 문제는 넓이가 아니라 깊이다.

18 책은 3회독을 목표로 한다

1회독은 넓게 읽고, 2회독부터는 자세히 읽어라. 3회독을 할 때는 분별하며 읽고, 3회독 다음부터는 스스로에게 질문하며 읽는 일만 남았다.

19   **암기하기 위해 노력한다**

암기가 선행되면 이해는 자연스레 따라오기 마련이
다. 암기를 하면 자세하지 않을 수 없고, 생각하는
것이 정확하고 세밀하지 않을 수 없다. 암기를 잘하
는 자들이 학습 능력이 좋은 것은 당연한 일이다.

20   **자신만의 공부 패턴을 만든다**

'예습—수업—복습'의 큰 흐름 속에서 자신만의 공
부 패턴을 만드는 것이 필요하다. 패턴은 공부에
힘을 실어 주는 일종의 관성과도 같은 것이어서 당
신이 힘든 계단을 올라갈 때 뒤에서 밀어주고 앞에
서 끌어주는 조력자가 될 것이다. 패턴은 단순할수
록 힘이 좋다.

악기를 연습해야
악기 연주자가 될 수 있듯이
정의로운 행동을 해야
정의로운 사람이 되고
절제 있는 행동을 해야
절제하는 사람이 되고
용감하게 행동을 해야
용감한 사람이 된다.
아리스토텔레스

1교시
2교시
3교시
4교시
5교시
6교시
7교시
보충수업
자율학습

예습지상

주
의
자

수업 시간에 손을 들고 **질문**을 하거나 **발표**하는 학생들은 어떤 자들인가? 반대로 선생님이 풀어 주는 문제를 **구경**만 하는 학생들은 어떤 자들인가?

데드라인

모든 학생들에게 똑같이 50분의 자습 시간이 주어
지더라도 학생에 따라 공부의 양과 질에 격차가 생
기는 이유는 무엇일까? 학생 개인의 역량 차도 이
유일 수 있겠지만, 비슷한 학업 수준의 학생들을
보더라도 분명한 차이가 있다.

공부의 효율이 높은 쪽은 주로 구체적인 **마감이 있
는 자**들이다. 그들에게는 주어진 시간이 곧 **데드
라인**deadline이고, 시간 안에 어떻게 해서든 계획한
분량을 다 끝내기 위해 안간힘을 쓰는 자들이다.
때문에 **마감이 없는 자**들처럼 공부가 느슨해지지
않으며, 그들보다 더 엄격한 계획을 세우고 실천하
는 자들이기도 하다.

미처 다 끝내지 못한 부분은 그대로 마감을 해버리
고 자신의 안일을 반성하는 이들도 더러는 있다. 그
들의 눈빛에서 가끔 무서운 **광기**를 느끼기도 한다.

가속도의
법
칙

일반적으로 큰 힘이 작용하면 가속도는 커진다 (F=ma). 학생들이 지닌 역량(m)이 동일하다고 가정한다면, 문제 해결의 가속도(a)를 커지게 하는 힘(F)은 어디에서 나오는 것일까?

수시전형에서 서울대와 고려대, 포항공대를 동시에 합격한 학생이 있었는데, 그 학생은 공부의 가속도를 커지게 하는 힘이 바로 자신의 **빠른 손**이라고 대답했다. 그는 **빠른 손을 가진 자**였다. 이해력의 한계에 부딪혔을 때 그가 자주 사용하는 방법은 최대한 손을 빠르게 움직이는 것이다. 풀리지 않는 문제를 오랫동안 붙잡고 있는 것보다, 쉽게 풀리는 문제들을 먼저 해결하는 게 비결이라고 했다. 그런 뒤에 풀리지 않는 문제들은 두 번이고 세 번이고 읽고 이해하려고 노력한단다. 대개 생각이 정체되면 손의 움직임도 느려지기 때문에, 풀리는 문제들을 빨리 풀면서 손을 빠르게 움직여 생각의 흐름을 유연하게 만드는 것이다. 그러면 문제를 대하는 관점이 달라져 다시 문제를 볼 때는 안 보이던 것이 보이기도 한다고 했다.

그의 손은 한곳에 오래 머무는 법이 없는 바람과 같다. 손이 빨라지면 생각도 빨라진다. 손끝의 움직임이 정체된 생각을 풀 수 있는 열쇠라는 걸 그는 오래전부터 터득하고 있었다.

경청

학생들에게 무엇인가를 설명했을 때 이해되지 않는 부분 또는 발음이 부정확하다든가 말이 너무 빨라 들리지 않았던 부분들을 정중하게 다시 물어보는 이들이 있다.

이들은 **주의 깊게 듣는 자**들이며 **그냥 듣는 자**들에 비해 집중력과 기억력이 뛰어나다는 점이 특징이다. 일상의 모든 정보에 주의를 기울이는 것이 아니라 중요하다고 생각하는 정보에 선별적으로 집중하는 것도 이들의 공통된 특징이다.

호시우행

호시우행虎視牛行. 호랑이의 눈빛을 간직한 채 소의 걸음으로 걷는다. 이 말이 어울리는 학생이 있었다. 눈빛은 살아 있다 못해 차가웠고 발걸음은 무거웠다. 예리한 눈빛은 **끊임없는 사색**에서 나왔고 소처럼 무거운 발걸음은 남들보다 **신중하고 끈기 있는 그의 성품**에서 기인했다.

그가 유일하게 웃었던 때는 수시 합격자 발표가 있은 다음 날 아침 교무실 앞에서였다. 그동안 그가 얼마나 힘든 길을 걸어왔는지 잘 알고 있었기에 말없이 그를 안아 주었다. 나는 그때 처음으로 소 같은 호랑이도 울 수 있다는 것을 알았다.

그는 우리 학교에서 유일하게 **호랑이의 눈빛과 소의 걸음을 간직한 자**였다. 호랑이의 눈빛만을 가진 자는 실천이 뒤따르지 않아서 허울뿐이었고, 소의 걸음만을 가진 자는 방향을 잃을 때가 많았다.

몸의 사고력 1

무엇인가를 읽거나 쓰면서 공부하는 이들이 있다. 이들은 근육의 움직임에 대한 감각이나 느낌이 사고의 강력한 도구가 되어 준다는 것을 확실히 알고 있다. 이들은 주로 **손으로 공부하는 자**들이며, 그 외의 시간에는 어떤 문제에 골똘히 빠져 있는 몰입 위주의 공부를 하는 학생들이다.

이와는 완벽히 반대로 행동하는 자들이 있는데, 우리는 그들을 가리켜 **눈으로 공부하는 자**들이라고 말한다. 학습의 진도가 무척 느리고 전반적으로 의욕이 없는 것이 이들의 특징이다.

중국에는 다음과 같은 잠언이 전해 내려온다. '나는 듣고 잊는다. 나는 보고 기억한다. 나는 행하고 이해한다.' 몸은 답을 알고 있다. 손을 움직여 무엇인가를 바쁘게 기록하는 자들은 어느새 문제를 **푸는 자**들이며, 책상 앞에 앉아 눈으로만 공부하는 자들은 **풀지 못하는 자**들이다.

원칙
주의자

시간 관리를 잘한다는 것은 어떤 것일까? 단순히 쉬지 않고 오로지 공부만 하는 것을 뜻하지는 않을 것이다. 공부를 하더라도 미리 계획한 시간에 공부를 하고, 놀더라도 미리 계획한 시간에 노는 자들이 시간 관리를 잘하는 이들이다. **하고 싶은 것**과 **해야 하는 것**이 부딪힐 때 당신은 주로 어떤 선택을 하는가?

미련해 보일 정도로 원칙을 지키는 자가 있었다. 5시 30분에 일어나 줄넘기를 5분 정도 하고 아침밥을 가볍게 먹는다. 그날 해야 할 학습계획을 점검하고 등교하는 버스에서 영어 듣기를 20분 정도 한다. 점심시간까지 국어와 영어를 공부하고 오후에는 수학을 공부한다. 쉬는 시간에는 영어 단어를 암기하고 저녁 시간에는 탐구를 공부한다. 잠들기 전에는 그날 공부한 내용에 대한 피드백을 하고 일요일엔 푹 쉰다.

이 학생이 성적이 떨어졌다고 실망하는 것을 본 적은 없으나, 딱 한 번 시험 기간에 늦게 일어나 계획한 것을 못 했다고 펑펑 우는 모습을 본 적은 있다. 참으로 **병적**이었다. 하지만 아무런 계획도 없고 제대로 실천하지도 못하는 자들에 비하면 백배는 더 훌륭했다. 최소한 자신의 꿈을, 자신의 삶을 사랑하는 면에서는 그 누구보다 위대했다. 재수를 하기는 했지만 그는 다음 해 자신이 목표로 했던 공군사관학교에 합격했다.

복습의
주
기

복습에 철저한 학생이 있었다. 그가 하는 복습의 패턴은 **수업이 끝나면** 바로 책을 덮지 않고 배운 내용을 잠깐씩 훑어보는 것부터 시작한다. **집에서 는** 그날 배운 것들을 다시 한 번 읽어 보고, **주말에 는** 그 주에 배운 것들을 복습한다. 그리고 **월말에는** 그 달에 배운 내용들을 읽어 보면서 복습을 마무리 한다.

에빙하우스의 망각곡선 이론에 의하면 그는 완벽 한 복습을 하고 있는 것이다. 인간은 보통 학습 후 10분부터 망각이 시작된다. 한 시간 뒤에는 50%, 하루 뒤에는 70%, 한 달 뒤에는 학습 내용의 80% 를 잊어버린다. 수업이 끝난 뒤에 바로 책을 덮지 않고 내용을 훑어보는 것은 10분 뒤부터 시작되는 망각의 진행을 늦춰 주며, 집에 돌아와서 하는 복습은 50%에 가까운 망각의 진행을 늦춰 준다. 주말에 하는 복습을 통해 그는 학습 내용의 70%를 온전히 기억할 수 있으며, 월말에 하는 복습을 통해 80% 이상의 학습 내용을 완벽히 기억할 수 있었던 것이다.

그는 **복습을 하는 자**였다. 3년 동안 고수했던 자신의 공부 습관이 서울대 경제학과에 합격한 비결이었다고 그는 이야기한다.

대화

선생님들과 대화하는 것을 즐기는 학생이 있었다. 미국에서 일 년 정도 유학 생활을 하고 온 아이였는데, 시간이 날 때마다 찾아와 말을 붙이곤 했다. 수업 이야기, 기숙사 이야기, 여자 친구 이야기 등 시시콜콜한 이야기부터 시작해 대학 진학과 진로에 대한 이야기까지 선생님들은 그 학생과 많은 이야기를 나누었다.

그렇다고 수다스러운 학생은 아니었다. 잠깐씩 웃으며 이야기를 나누는 정도였는데, **대화 속에서 자신이 취해야 하는 게 무엇인지를 정확하게 아는** 학생이었다. 내신이 좋지 않아 논술시험을 준비하면서 나하고도 매주 한 시간씩 논술 기출문제를 가지고 인문, 철학, 경제 같은 깊이 있는 이야기를 나누었다.

그 학생의 특징은 자신의 생각을 명료하게 표현할
줄 아는 것이었지만, 그보다는 **상대의 말에 집중하
는 능력이 더 뛰어난** 학생이었다. 틈만 나면 많은
이야기를 나누었고, 그해 논술전형으로 한국외대
LD학부에 장학생으로 합격했다.

그는 **대화를 즐기는 자**였으며, 대화가 자신의 생각
속에 있을 수 있는 잘못된 정보나 판단의 오류를
바로잡는 검증 장치가 될 수도 있다는 것을 잘 알
고 있었다.

패
턴

패턴이란 어느 정도 고정된 틀을 가지고 규칙적으로 반복되는 양상을 말한다. 세상에는 무수히 많은 패턴들이 있고 사물들은 제각기 고유한 패턴을 형성하며 다른 것과 구별되는 자신만의 특성을 만들어간다.

공부에서도 자신만의 고유한 **패턴을 형성하는 자**들이 있다. 그들의 패턴을 일반화해 보면, '예습─수업─복습'이라는 큰 흐름 속에서 '**훑어보기─자세히 보기─정리하기─생각하기─이야기하기**' 정도로 단계를 설정할 수 있다.

정도의 차이가 있기는 하지만 패턴을 형성하는 자들은 이 범위를 크게 벗어나지 않는다. 그들은 새로운 내용을 접하거나 무엇인가를 해결해야 할 때 주로 이러한 패턴을 따랐고, **패턴이 습관이 되자 공부에서 오는 스트레스가 뚜렷하게 낮아졌다.**

이 중에서도 최상위권 학생들에게서 발견되는 공통점은 보통의 학생들이 꺼려하는 패턴의 마지막 단계인 '이야기하기'를 상당히 즐겼다는 것이다. 수업 시간에 공부하는 내용에 대해 서로 상의할 시간을 주면 이들은 친구들에게 무엇인가를 설명하거나 서로 생각을 공유하는 것에 많은 의미를 두었다. 그 과정에서 자신의 논리를 확고히 하거나 자신의 오류를 빠르게 수정하는 것도 이들이 지닌 장점이었다.

습관을 들이려거든

21 철저히 예습하고 반드시 복습한다

이 두 가지를 완벽히 해내는 사람이 있다면 그는
이미 상위권이다. 예습은 수업의 효율을, 복습은
기억의 효율을 극대화시킬 것이다.

22 마감 시간을 정하고 공부한다

30분에서 60분 단위로 공부의 마감 시간을 짧게
가져갈수록 좋다. 마감 시간은 시험을 볼 때처럼
집중력을 높이고 긴장감을 갖게 한다. 느슨하고 여
유롭게 공부를 하다 보면 생각의 습관 또한 느슨해
져 시험과 공부를 위한 전략으로는 적합하지 않다.

23 손을 빠르게 움직인다

생각의 진척이 없다면 펜이나 손을 빠르게 움직여
라. 눈이 펜 끝을 따라가면 생각의 흐름도 펜 끝을
따라가게 마련이다. 멍하니 천장만 볼 것이 아니라

손으로 펜으로 책장과 시험지를 종횡무진 하라.

24 선생님과 사적인 대화를 즐긴다

학생이 선생님과 가깝게 지내는 것이 최고의 학교 생활이자 최고의 학습 전략이 아니고 무엇이겠는 가? 꼭 공부가 아니더라도 다양한 주제로 선생님 과 대화를 더 자주 하라. 말을 많이 해서 잃는 것보 다 얻는 것이 유일하게 더 많은 것이 이때뿐이다.

25 듣고 이야기하며 시끄럽게 공부한다

시끄러워야 진짜 공부다. 유대인들에게는 질문하 고 토론하는 '하브루타' 교육이 있다. 하루에 10분 이라도 짝을 지어, 혹은 거울을 보고서라도 그날 공부한 내용을 소리 내어 이야기하라. 그리고 질문 하라. 잘 질문하기 위해 잘 들어라. 질문에 답할 수 없다면 다시 공부하라. 그리고 다시 대답하라.

"아는 것이 힘이다."
프랜시스 베이컨

"아는 것이 없다."
작자 미상, 고3 수험생

점심시간

연료

아침에 학교에 들어서서 처음으로 보게 되는 풍경
이 있다. 매점으로 가는 이들과 교실로 가는 이들
의 뒷모습이다. 매점 벤치에 앉아 소금과 설탕, 합
성첨가제와 액상과당이 범벅인 인스턴트식품으로
배를 채우는 이들은 주로 **아침밥을 먹지 않는 자들**
이며 곧바로 교실로 향하는 이들이 **아침밥을 먹는
자들**이다.

트랜스지방은 기억력이나 집중력, 언어능력과 일
의 진행 속도에 영향을 주고 실제로 뇌의 부피를
축소시킬 수도 있는데, 이것이 알츠하이머를 진단
하는 기준이 되기도 한다. **뇌에도 좋은 연료가 필요
하다.**

배가 고프면 직접 밥을 차려 먹는 자들이 있는가 하면, 코앞에 상을 차려 주어도 밥을 먹지 않는 자들이 있다. 어떻게 하면 공부에 배고픈 자들을 만들 수 있는가?

그들을 배고프게 만드는 요인이 눈앞의 **대학 입시에 있는 자**들이 있는가 하면 좀 더 멀리, 자신들이 **꿈꾸는 삶에 대한 욕구로 배고픈 자**들도 있다.

주로 대학 입시가 학습 동기의 주요인인 학생들은 시간이 갈수록 현실에 맞는 대학을 고려하다 보니 동기가 현저히 떨어지는 경우가 많다. 반면에 자신들이 설계한 인생이라는 큰 그림이 학습 동기의 주요인인 학생들은 시간이 지날수록 동기가 더 강력해지며 입시에서도 더 좋은 결과를 거두곤 한다.

배고픔
2

학교에는 쉬는 시간이나 점심시간이 되면 책을 집어 던지고 곧장 매점으로 달려가는 자들이 있고, 매점으로 가는 대신 곧바로 교무실로 찾아가 수업 시간에 해결 못 한 문제를 선생님께 다시 질문하는 자들이 있다. 당연한 이야기지만, 전자가 대부분이고 후자는 극소수에 불과하다.

물질적인 배고픔은 **밥을 먹지 않는 자들**을 매점으로 가게 만들지만, 정신적인 배고픔은 **밥을 차려 먹는 자들**을 **질문하는 자**로 만든다.

✳ ✳ ✳ ✳ 5 ✳ ✳ ✳ ✳

10 ✳ ✳ ✳ ✳ 15 ✳ ✳ ✳

✳ 20 ✳ ✳ ✳ ✳ 25 ✳ ✳

✳ ✳ 30 ✳ ✳ ✳ ✳ 35 ✳

✳ ✳ ✳ 40 ✳ ✳ ✳ ✳ 45

✳ ✳ ✳ ✳ 50 ✳ ✳ ✳ ✳

55 ✳ ✳ ✳ ✳ 60 ✳ ✳ ✳

✳ 65 ✳ ✳ ✳ ✳ 70 ✳ ✳

✳ ✳ 75 ✳ ✳ ✳ ✳ 80 ✳

인간이 감각적 판단으로
얻게 된 선입견을
제거할 수 있는 유일한 방법은
지금껏 살아오는 동안
단 한 번도 의심하지 않았던
것들을 의심하는 것이다.
데카르트

1교시
2교시
3교시
4교시
5교시
6교시
7교시
보충수업
자율학습

무지

공부의 본질은 무엇일까? 공부의 시작은 **무지**無知를 인정하는 것이며 자신의 무지를 인정하는 자들만이 진리라는 거대한 벽에 물음표를 달 수 있다.

물음표를 다는 자들은 공부의 본질이 책 속에서 지식을 찾을 때 발현되는 것이 아니라, 책 속의 지식에 의문을 가질 때 비로소 발현되는 것이라 믿고 있다.

물음표를 달지 않는 자들은 쉽고 편하게 공부하려는 습성이 있고 자신의 무지를 인정하지 않으려는 경향이 강하다. 이들은 출제자가 낸 문제를 풀려고만 하지 출제자처럼 생각하려고 하지 않는 경우가 대부분이다.

답

질문을 교육의 중요한 덕목이라고 생각하는 유대인들은 항상 아이에게 질문을 던진다. 질문을 받은 아이는 답을 찾기 위해 끊임없이 고심하는 과정에서 사고력을 키우고 여기서 지혜가 자란다.

모든 공부는 '질문'에서 시작한다고 생각하는 선생님들도 아이들에게 질문을 던진다. 수업 시간은 맞든 틀리든 **답을 말하기 위해 노력하는 자**들과 누군가가 **답을 말해 주기를 가만히 기다리는 자**들로 나뉜다.

맞든 틀리든 대답을 하는 적극적인 아이들이 답하는 자이며, 누군가가 답을 말해 주기를 가만히 기다리는 소극적인 아이들은 답하지 못하는 자이다.

서독질의

의문을 글로 정리해서 묻는 방식이 **서독질의**書牘質疑다. 정밀하게 질의하고 정리하는 방법으로 의문 지체를 잊지 않고 기록으로 남긴다는 특징이 있고, 의문을 기록하는 과정에서 의문의 핵심을 명확히 알 수 있으며 기록하는 과정에서 문제가 해결되기도 한다.

궁금한 것을 정리하지 않고 그 자리에서 무작정 물어보는 자들이 있는가 하면, 궁금한 것을 메모해 두었다가 한참을 생각해 본 뒤에 물어보는 자들이 있다. 정리 없이 물어보는 학생들의 질문은 끝이

뭉툭한 나무와 같아 답답하고, 의문을 고민하고 정리한 뒤 물어보는 학생들의 질문은 날카로운 창과 같아 선생님들을 당혹스럽게 만들기도 한다.

제대로 묻는 자들이 지니고 있는 창은 의문을 글로서 정리하는 날카로운 펜이다. **그냥 묻는 자**들이 지니고 있는 무기는 거칠고 뭉툭해 전쟁에서 살아남는 경우가 드물다.

메타
인
지
1

모르는 것과 **모르는 것을 아는 것**이 다르다는 것을 아는 이들이 **혼자서 공부하는 자**들이며, 내가 모르는 것이 정확히 무엇인지를 아는 것이야말로 공부의 목적이자 공부를 잘할 수 있는 조건이라고 생각하는 자들이다. 공부란 결국 내가 모르는 것을 혼자서 해결해야 한다는 것을 끝까지 깨우치지 못한 이들이 **혼자서 공부할 수 없는 자**들이다.

후자가 주로 학원이나 인터넷 강의에 전적으로 의지하는 경우가 많으며, 중간고사나 기말고사가 다가오면 선생님들의 만류에도 방과후수업과 자기주도적 학습을 제치고 학원 특강을 들으러 간다는 공통점이 있다.

메타
인
지
2

공부하는 동안 끊임없이 자신에게 질문을 던지며 괴롭히는 자들이 있다. 99% 학급에서 최상위권인 이들이며, 주로 **혼자서 공부하는** 습성을 지니고 있다.

메타
인
지
3

학교에는 두 종류의 학생들이 있다. 첫 번째는 내가 알고 있다는 느낌은 있는데 그것을 친구나 선생님에게 **제대로 설명하지 못하는 자**들이고, 두 번째는 내가 알고 있다는 느낌뿐만 아니라 그것을 친구나 선생님에게 **명확히 설명할 수 있는 자**들이다.

첫 번째 경우는 내가 잘 알고 있다고 착각하는 이들이 대부분이며 주로 혼자서 공부할 수 없는 자들이 많고, 두 번째 경우는 내가 모르고 있는 부분에 시간과 노력을 집중하는 이들로서 혼자서 공부하는 자들이 대부분이다.

저승에서 염라대왕의 명을 받고 죽은 사람의 넋을
데리러 온다는 심부름꾼이 저승사자다. 저승사자
들은 학교에서 주로 5교시에 출몰한다.

기
본
기

교과서를 정독하고 나서 도표나 그림 등을 이용해 공부한 내용을 시각화하는 학생이 있었다. 그는 교과서를 200% 활용한다는 점에서 **기본기가 매우 뛰어난 자**였다.

주로 탐구 과목에서 높은 성적을 유지하면서 전체적으로 내신 성적이 우수했는데, 그가 교과서를 이용해 공부하는 방법은 ❶교과서를 정독한다. ❷책을 덮고 키워드 중심으로 **마인드맵**을 그려가며 공부한 내용을 점검한다. ❸기억이 나지 않거나 이해가 되지 않는 부분은 그냥 물음표만 달아 놓는다. 이게 핵심이다. **물음표를 다는 것!** ❹도중에 떠오르는 생각들도 거르지 않고 그대로 메모를 한다. 주로 관련 내용이나 더 알아봐야 할 것들 혹은 궁금한 것들이다. 이렇게 1차 시각화 작업이 끝나면 ❺ 마인드맵에서 물음표를 달았던 부분들만 교과서를 보고 다시 공부하면서 물음표를 지워간다. 그리고 도중에 떠올랐던 생각들은 그 자리에서 바로 해결하기 위해 최대한 노력한다. ❻문제집이나 참고서로 2차 심화 학습을 한다.

그에게는 이러한 일련의 과정이 단시간에 이루어졌으며, 궁금한 것들을 미루지 않고 바로 확인하고 해결하는 것은 그가 가진 최고의 공부 습관이었다. 단순해 보이는 방법이지만, 아직까지 우리 학교에서 이 학생만큼 기본기가 뛰어난 학생은 없었다. 그는 연세대 경영학과에 재학 중이다.

이해의
함
정

학생들이 수업 내용을 이해했다는 의미로 보여 주는 표시는 주로 고개를 끄덕이는 행동으로 드러난다. 수업을 주의 깊게 듣고 있다는 점에서 이러한 행위는 긍정적이지만 한편으로는 자신들도 모르는 이해의 함정에 빠질 수 있다는 점에서 주의가 필요하다.

문제는 내용을 다 안다고 해서 그 내용을 다 이해한 것은 아니라는 점이다. 수업 시간이면 **습관적으로 고개를 끄덕이는 자**들이 있는데, 이들은 주로 공부를 쉽게 느끼고 자신의 부족함을 잘 모르는 경우가 많다. 고개를 끄덕이는 습관적인 행위는 깊은 사고와 의심이 필요한 지점에서 그것을 그냥 지나치게 만들어버리는, 그래서 '나는 그것을 다 이해했고 잘 알고 있다'는 이해의 함정에 빠지게 하는 경우가 종종 있기 때문이다.

오히려 자신에게 **이해의 표시가 인색한 자**들이 좀 더 신중히 공부하고 좀 더 깊이 있는 공부를 하는 자들이다.

오류의
효
과

EBS 홈페이지에 국어 과목 정오표가 올라와 수업 시간에 이 문제의 오류를 찾아보고 이야기하는 시간을 가졌다. 대부분 오류를 찾지 못했고 드물게 오류를 찾는 자들도 있었다.

그다음 국어 시간에는 오류가 없는 정상적인 문제를 가져와 전 시간과 똑같이 문제의 오류를 찾아보는 시간을 주었다. **학생들은 집중했고 의심하기 시작했다.** 그리고 열띤 토론을 벌였다. 심지어는 오류를 만들어 내는 학생들도 있었다. 어떤 학생들은 수업이 끝나도 논쟁을 멈추지 않았고 교무실까지 찾아와 자신의 견해를 이야기하기도 했다.

아이들은 이미 공부의 비법을 경험하고 있었지만 그것을 눈치챈 자는 소수에 불과했다. **오류를 찾아 내는 자**들. 짐작하겠지만 대부분 최상위권이다.

해설서

해설서를 멀리하는 자들이 있고 **해설서에 의존하는 자**들이 있다. 해설서는 출제자의 의도를 읽어 낼 수 있다는 점에서 어느 정도 교육적 효과는 인정한다. 문제는 해설서를 **맹신**하거나, 자신만의 관점이 확립되기 전에 해설서부터 보는 것이다. 이렇게 지식을 비판 없이 받아들이다 보면, 나보다 해설서가 앞선 **주객전도**主客顚倒의 상황이 된다. 수능시험과 연계가 높은 EBS 교재에도 해마다 오류가 발견되고, 잘못된 부분을 바로잡는 정오표가 계속 업데이트되는데도 해설서를 달달 외우는 자들이 종종 있다. 해설서는 출제자의 의도와 사고를 확인하는 것에 만족해야 한다. 해설은 하나의 주관적 견해이지 절대적인 지식은 아니다.

습관을 들이려거든

26 끊임없이 물음표를 단다

교과서와 문제집에 끊임없이 물음표를 달아라. 그리고 거기에 대한 납득할 만한 답을 생각하라. 생각나지 않는다면 다시 공부하라.

27 의문을 글로 정리한다

머릿속에 떠오른 희미하고 추상적인 의문을 글로 표현하기 위해 생각은 더욱 치밀해질 것이고, 글로 표현하는 과정에서 문제의 핵심을 포착해 자연스럽게 문제가 해결되는 경험을 할 수도 있으니, 복잡한 문제일수록 의문을 글로 정리하는 연습을 하라.

28 모르는 것은 꼼꼼히 묻는다

'매사문每事問' 모든 일을 꼼꼼하게 물어라. 《논어》에 나오는 구절이다. 공부를 하는 사람이라면 가슴속에 깊이 새겨야 할 구절이다. 모르는 것을 모른다고 하는 것은 절대 부끄러운 일이 아니다. 모르는 것을 묻지 않는 것이 부끄러운 것이다.

29 내가 모르는 것을 공부한다

무작정 처음부터 시작하지 말고 모르는 부분부터 시작하라. 내가 모르는 부분이 어디인지를 아는 것이 공부다. 시험을 두려워 말고 틀린 문제부터 다시 시작하라.

30 누군가에게 설명할 수 있을 때까지 공부한다

머릿속에서만 맴도는 지식과 말로 표현되는 지식 사이에는 내용을 이해하는 면에서 많은 차이가 있다. 공부한 내용을 말이나 글로 누군가에게 설명할 수 있다는 것은 선생님의 역할을 스스로가 대신하고 있는 것이다. 하나를 설명하기 위해 열을 공부해야 한다는 것을 몸소 깨닫게 되는 공부 습관이다.

31   의심한다

의심할 수 있는 이유를 더 이상 찾을 수 없을 때까지, 모두 의심하라. 데카르트의 체계적 의심에 따르면 절대적으로 확실한 것은 오직 지금 이 순간 나의 존재일 뿐이다. 그러나 좀 더 철저히 의심하면 영속적인 나의 존재도 보장되지 않는다. 그는 회의를 시작했지만 철저한 회의론자가 되지는 못했다. 공부하기로 마음먹었다면 당신은 철저한 회의론자가 되어야 한다. 그러니 선생님의 설명도, 해설서에 나온 답도 무조건 믿지 말고 의심한 후에 믿어라.

아프리카의 초원을
거닐다가 사자와
마주쳤다고 하자.
이때는 이 위기를 어떻게
빠져나갈까 하는 것 이외에는
아무 생각이 없을 것이다.
이 상태가 바로 '몰입'이다.
몰입 상태에서는 자기가 할 수
있는 최대능력을 발휘하는
비상사태가 발동한다.
황농문 《몰입》

1교시
2교시
3교시
4교시
5교시
6교시
7교시
보충수업
자율학습

도

해설서를 보지 않는 자가 있다. 정시전형에서 서울
대 공대에 합격한 학생이다. 그에게 공부는 양이
아니라 고민의 시간이다.

한 문제를 풀기 위해 한 시간이 넘게 고민할 때가
많다. 처음에는 '이 세상에 내가 풀 수 없는 문제는
없다'는 자신감으로 시작했지만 이제는 자신만의
확고한 공부 철학이 되어버렸다.

그에게서는 **공부의 양을 중요시하는 자**들의 조급함
을 조금도 찾아볼 수 없다. 한 문제를 이해하고 풀
기 위해 그는 여러 방법을 시도한다. 다양한 개념
을 생각해 보고 다양한 공식도 적용해 보면서 매번
달라지고 발전하는 자신을 확인한다. 거기에서 즐
거움을 느낀다. 그게 공부라고 생각한다.

하루가 넘게 고민했는데 해결하지 못하는 것들은 좌절하지 않고 그냥 풀이를 외도 좋단다. 풀이를 외워 다른 문제에 활용할 수 있다면 더더욱 좋단다. 그렇게 해서 푼 문제들은 다시 풀지 않는다. 이미 내가 만들어 놓은 길이 생겨서, 다음에 다시 오더라도 다른 길을 생각할 수 없기 때문이란다.

고수高手다. 과연 **도道를 얻으면 도道를 볼 수 없어 도道를 버리는 무림의 고수가** 아니겠는가.

마라토너스
하
이

마라톤을 하다 보면 감당할 수 없을 정도의 극한 상황이 한 번쯤은 찾아오는데, 이 고비를 잘 넘기기만 하면 계속해서 달릴 수 있는 힘이 생긴다는 것이 바로 **마라토너스하이**marathoner's high다.

수험생 중에도 이런 극한의 상황을 즐기는 이들이 있다. 엄밀히 이야기하면 **자신을 극한의 상황으로 밀어붙이는 자**들이란 표현이 맞겠다. 공부에서 오는 스트레스를 공부로 푸는 자들로서 스트레스가 생기면 더 어려운 문제를 찾아내어 며칠이고 그 문

제와 씨름하는데, 가끔 환각 상태에 빠진 사람처럼
보일 때도 있다. 그것 말고는 다른 것에 전혀 신경
을 쓰지 않아 가끔 문제가 발생하기도 하지만, 문
제를 스스로 해결했을 때 찾아오는 희열은 말로는
설명하기 힘들다고 한다.

한 가지 확실한 건 한 번 중독되면 거기서 쉽게 빠
져나올 수 없다는 것이다. 주로 이과 계열 학생들에
게 일어나는 현상이며, 과학기술원 연구원 쪽으로
진학하는 경우가 많다.

놀이

그들은 자주 놀았다. 보다 정확하게 표현하자면 문제를 가지고 놀았다. **놀이는 그들이 공부하는 방식**이었다. 마치 게임을 하듯이, 쉬운 게임엔 흥미가 없고 어려운 게임을 즐겼다. 틀리면 다시 도전하고 밥을 먹으면서도 변기에 앉아서도 즐겼다.

어려움을 극복하고 성취하는 데서 그들은 더 큰 쾌감을 느끼는 자들이었다. 문제를 가지고 놀면서 그것이 나에게 어떤 의미를 주는지에 대해서는 관심을 두지 않았다. 그냥 그것을 가지고 놀 수 있다는 사실에 즐거움을 느끼는 이들. 그들은 **푸는 자들**이었고 **해결하는 자들**이었으며, 그것 말고는 **다른 것에 전혀 신경 쓰는 것이 없는 자들**이기도 했다.

수학
만점자

"제 오답노트는 **틀린 이유를 찾아가는 과정의 기록**이에요. 다른 애들은 해설을 그냥 베껴 쓰거나 개념과 공식을 그대로 옮겨 적거나 하지만, 제 오답노트는 이전의 풀이 방법에서 어떤 부분이 잘못되었는지를 찾아내고 수정해가는 노트예요.

무엇 때문에 같은 실수를 반복하는지, 내가 잘못 이해하고 있는 부분이 무엇인지를 스스로 알아내는 것이 공부라고 생각했어요. 나중에는 이 노트만 들고 다니며 봤던 것 같아요.

저는 **모의고사에서 틀린 문제가 많이 나올수록 감사하게 생각했어요.** 그 문제를 온전히 내 것으로 만들어가는 과정이 쉽진 않았지만 그런 것들이 쌓여가면서 점점 자신감을 얻었다고나 할까요.

아무튼 저는 일방적으로 수업을 듣는 것보다는 그렇게 오답노트를 만들어서 스스로 했던 공부가 가장 즐거웠어요. 수학에서 정말 도움이 되었어요."

질문노트

고교 시절 나를 키운 건 팔 할이 질문과 기록이었다고 이야기하는 학생이 있다. 지역균형전형으로 서울대 인류학과에 합격한 학생의 이야기다.

평소 궁금한 게 많고 꼼꼼한 성격 탓에 명쾌하지 않은 부분이 있으면 다음으로 넘어가지 않는 학생이었다. 그런 꼼꼼한 성격은 수업 시간에 많은 질문으로 이어졌고, 특히나 어려움을 겪고 있던 수학 과목에서 질문의 양이 많았다.

하지만 그는 일 년 동안 원하는 성적이 나오지 않자 크게 실망했고, 질문만 많이 하는 것이 능사가 아니라는 것을 깨달았다. 그래서 2학년 때부터는 **질문노트**를 만들어 질문한 내용과 선생님의 답변, 답변에 대한 자신의 생각을 체계적으로 정리하기 시작했다.

질문을 한 후에도 의문이 남는 부분은 다시 선생님과 대화를 나누었고, 점점 심화되는 질문과 답변들을 기록해가는 과정에서 **사고의 확장**을 경험했다고 한다.

질문노트를 끈질기게 활용한 결과 그는 성적을 올릴 수 있었고, 2학년 말 수리탐구대회에서 받은 금상은 그에게 잊을 수 없는 성취감을 안겨 주었다. 그는 **묻는 자**였고 **듣는 자**였으며 동시에 **기록하는 자**였다.

사고의

확
장

어떤 문제가 주어졌을 때, 곧바로 '답'부터 생각하는 이들이 있는가 하면, 이 문제를 물어보는 '궁극적 의도'가 무엇인지를 스스로에게 되묻는 학생들도 있다.

전자는 어느 순간 생각의 한계에 부딪혀 문제를 끝까지 풀지 못하고 해답을 보는 **묻지 않는 자**들이 대부분이며, **묻는 자**들은 생각을 열어 주는 것이 답이 아니라 질문이라는 것을 경험으로 알고 있는 자들이다.

묻는 자들의 주된 습관 중 하나는 끊임없이 물음표를 다는 것인데, 교과서고 문제집이고 노트고 간에 조금이라도 의심이 가거나 이해가 안 되는 부분에는 어김없이 그들만의 표식을 다는 습성이 있다.

그들이 주로 쓰는 방법은 '**누가, 언제, 어디서, 무엇을, 어떻게, 왜**'라는 육하원칙에 입각해서 '**질문**' 하고 '**생각**'하고 '**정리**'하는 **것**인데, 얼핏 단순하게 보이지만 그 파급력은 상상을 초월한다는 것을 그들은 잘 알고 있다.

어느 최상위권자의

고
백

"도서관은 저에게 무한한 혼돈의 공간이었습니다.
처음에는 엄격한 기숙사 생활의 도피처로서 도서
관에서 많은 시간을 보냈습니다. 하지만 거기서 마
주한 책들은 안식처가 아니었습니다.

《총균쇠》와 《사피엔스》에서 농업혁명을 상반되게
평가한 것에 대한 궁금증은 두 저자의 대담 전문을
살펴보면서 인류 역사를 바라보는 관점의 차이를
발견하여 해소할 수 있었지만, 이렇게 의문을 해결
하는 경우는 드물었습니다. 예를 들어 《일본의 역
사 왜곡》을 읽으며 갖게 된 '일본과의 외교 관계와
역사 문제를 별개로 접근해야 하는가?'라는 고민

은 자료를 찾아보고 선생님께 질문을 해도 답을 얻기가 어려웠습니다. 소설도 만만치 않았습니다. 프란츠 카프카의 소설을 읽었는데 내용이 어려웠고 책을 이해하기 위해 실존주의를 공부하는 과정은 힘겨웠습니다.

그래도 그게 나쁘지만은 않았습니다. 무엇인가에 의문을 갖고 고민하고 찾아보고 탐구하는 것 자체가 공부라고 생각했습니다. 어쩌면 도서관 문을 열고 나왔을 때 해가 지고 있는 모습이 아름다워서 자꾸 그곳을 찾아가는 건지도 모르겠습니다."

메멘토

크리스토퍼 놀란 감독의 〈메멘토〉라는 영화가 있다. 10분 이상 지속되지 않는 기억력 때문에 범인을 찾기 위한 방법으로 메모를 하지만 그것만으로는 부족해, 자신의 온몸에 문신을 하며 기억을 더듬는 사람에 대한 이야기다.

이해가 되지 않거나 틀린 문제의 풀이 과정을 **문신을 하듯 하나하나** 몸에 새기며 공부하는 학생이 있었다. 자존감이 무척 높은 학생이었는데, 자기가 틀린 문제를 보면 짜증이 솟구쳐 그 문제와 풀이 과정을 다 외워버렸다. 그것은 아픔을 한 땀 한 땀 눌러가며 다시는 이런 실수를 반복하지 않겠다는 굳은 의지의 표명이었다.

문신을 하듯 몸에 새기며 하는 공부란 과연 어떤 것일까? 절대 잊어버려서는 안 될 내용들은 무엇이며, 그것들을 세포 하나하나에 각인시키듯 하는 공부란 도대체 어떤 것이란 말인가?

절벽에 매달려 밧줄을 잡고 있는 심정이라고 그는 이야기했다. 한 문장 한 문장, 한 글자 한 글자가 자신에게는 밧줄이었고 그 밧줄을 놓치면 끝난다는 심정으로 읽고 몸에 새겼다고 한다. 그가 겪었을 아픔과 고뇌의 시간들이 피부 깊숙이 파고드는 느낌이다.

그해 그는 수능시험에서 광주지역 인문 계열 2등이라는 성적표를 받았다. **우리는 그를 메멘토**memento **라 불렀다.**

필
사
가

필기와 필사의 차이는 무엇일까? 필기가 내용을
받아 적는 것이라면 필사는 내용을 베껴 쓰는 것을
말한다. 공부하면서 **필기를 하는 자**들은 많지만, **필**
사를 하는 자들은 드물다. 시간 낭비라고 생각하기
때문이다.

생각이 산만해지면 필사를 하는 자가 있었다. 주로
어려운 개념들이나 천천히 읽으며 생각의 정리가
필요한 부분만을 필사하곤 했는데, 그가 필사를 하
는 방식은 글자 하나하나를 눌러쓰는 마음 수양의
필사가 아니라 개념을 공부하고 나서 바로 책을 덮
고 쓰는 **원본이 없는 필사**였다.

눈을 뜨고도 보지 못하는 것을 그는 **눈을 감고 보
는 자**였다. 선생님이 칠판에 글씨를 쓰며 설명하는
것처럼 그도 선생님이 되어 자신을 가르치곤 했다.
자신이 놓치고 있는 것이 무엇인지 필사를 하며 제
대로 이해해갔다고 한다.

그는 정시전형에서 고려대 국어교육과에 합격했다.

파레토

법
칙
1

파레토 법칙Law of Pareto이란 '80 대 20 법칙' 또는
'2 대 8 법칙'이라고도 한다. 전체 결과의 80%가
전체 원인의 20%에서 일어나는 현상을 가리킨다.
쉽게 말하자면, 학교 정문에 걸려 있는 **서울대 합**
격 현수막이 한 해 그 학교의 최종 입시 결과가 되
는 안타까운 현실을 설명하는 이론이다.

수학을 외우는 자가 있다. 그렇다고 무작정 다 외우는 건 아니다. 그의 공부 방법은 우선 수학 문제를 최대한 많이 푸는 것이다. 그렇다면 문제를 어느 정도 풀어야 많이 풀었다고 할 수 있을까?

그의 기준으로는 어떤 문제집을 보든 **문제 10개를 보면 8개 정도는 어디서 보거나 푼 것 같은 느낌이** 들 때, 그 정도는 되어야 수학 문제를 많이 풀었다고 할 수 있다. 그러면 수학 문제가 외워진단다.

실제로 수학 시험을 볼 때 그가 문제 푸는 것을 본 적이 있는데 손이 보이지 않을 정도로 정말 빠르게 푸는 문제들이 80% 정도 되고, 나머지 20%는 새로운 유형이거나 생각이 더 필요한 문제들이었다. **그가 시간을 내서 공부하는 것은 바로 그 20%의 문제들뿐**이었다. 그는 수학뿐만 아니라 다른 과목들도 이와 비슷한 습관을 유지했다. 1학년부터 3학년까지 그의 전 학년 내신 평균은 1.03이었다.

습관을 들이려거든

32 공부의 즐거움을 경험한다

공부의 즐거움은 가능성에 대한 희망과 이를 현실화하기 위한 부단한 노력에서 찾아온다. 한 번 맛보면 그만둘 수 없어 평범한 당신을 평생 공부하는 사람으로 만들 가능성이 있는 것이 바로 공부의 즐거움이다.

33 문제를 가지고 논다

공자께서 말씀하셨다. 어떤 사실을 아는 사람은 그것을 좋아하는 사람만 못하고, 좋아하는 사람은 즐기는 사람만 못하다. 즐겨라. 리플레이는 있어도 좌절은 없는 것이 놀이다. 공부가 놀이가 되어야 재미있고, 그래야 지속할 수 있다.

34 틀린 문제를 감사히 생각한다

힘들고 괴롭더라도 시험이 끝나면 틀린 문제를 다

시 풀어라. 그리고 내 것으로 만들어라. 시간과 노력을 투자해서 공부해야 할 부분이 바로 그곳이다.

35 육하원칙에 입각해 질문하고 기록한다

질문을 하면 원하는 답을 얻는다. 《질문의 7가지 힘》의 저자 도로시 리즈는 이를 '응답반사'라고 했다. 생각은 질문을 통해 열리며 질문을 잘할 수 있는 방법은 질문이 만들어지는 패턴을 활용하는 것이다. '주어+동사+육하원칙'이라는 패턴을 활용해 교과서에 질문을 달아라.

36 도서관을 사랑한다

나는 매주 특별한 경험을 한다. 저번 주는 중국의 사상가 공자를 만나서 함께 《논어》를 읽었고, 이번에는 김훈 작가와 만나 함께 《남한산성》을 다시 읽는 중이다. 다음에는 신영복 작가를 만나 따뜻한

차를 마시며 《감옥으로부터의 사색》을 읽을 생각이다. 기회가 된다면 하버드대에서 정치철학을 강의하는 마이클 샌델 교수를 만나 《정의란 무엇인가》를 읽고 싶다. 그곳에서 나는 무엇이든 가능한 사람이 되고, 앞으로의 인생이 즐겁고 의미 있을 것 같다는 기대가 넘친다.

질문하지 못할 부분이
있을지언정 질문할 바에는
알게 될 때까지 그치지 않는다.
생각하지 못한 부분이
있을지언정 생각할 바에는
깨달을 때까지 그치지 않는다.
행하지 않을지언정 행할 바에는
독실해질 때까지
그치지 않는다.
《중용》

1교시

2교시

3교시

4교시

5교시

6교시

7교시

보충수업

자율학습

이해의
조
건

배워야 할 내용을 미리 인지하고 수업을 듣는 학생들은 내용을 빨리 이해할 수밖에 없다. **예습을 하는 자**들은 수업 시간이 복습 시간이 될 수도 있음을 알고 있는 자들이며, 예습으로 여유가 생겨 선생님이 강조한 부분과 시험에 나올 만한 중요한 부분, 암기해야 할 부분을 구별할 수 있는 자들이다. 선생님이 문제를 해결하는 것을 그저 구경만 하고 있는 자들이 바로 **예습을 하지 않는 자**들이다.

시간의
주
인

계획표를 쓰는 학생은 많으나 성공적인 계획표를 쓰는 학생은 많지 않다. 그렇다면 성공적인 계획표란 무엇인가? 지킬 수 있는 계획표, 지속 가능한 계획표, 구체적인 계획표가 성공적인 계획표다.

실패와 성공의 차이는 **경험**에 있다. 직접 계획표를 짜 봐야 한다. 주 단위, 일 단위, 시간 단위의 계획표를 짜 보고 수정하고 고민해야 한다. 그렇게 **자신만의 계획표를 만들어가는 것**이 성공한 계획표다. 생각 없이 다른 사람의 계획표를 그대로 따라 하는 것은 계획표를 안 쓰느니만 못하다.

공부 좀 한다는 자들이 모두 자신만의 계획표를 가지고 다니는 것은 결코 우연이 아니다. 성공한 계획표를 쓰는 자들, 그들이 진정 시간의 주인이다.

학습
플
래
너

학습 플래너를 쓰는 두 종류의 학생들이 있다. 플래너를 **알록달록하게 꾸미는 자**들과 **쓰고 지우기를 반복하는 자**들이다. 어떤 목표를 이루기 위해 계획을 세우는 일은 중요하다. 하지만 수정이 없는 계획은 성찰이 없는 계획과 같아 그 계획이 성공할 확률은 지극히 낮다.

꾸미는 자들의 계획은 타율적이고 고정된 것이 많아 변화가 적고, 쓰고 지우는 자들의 계획은 실패한 계획처럼 보이나 실패한 이유를 찾는 성찰의 과정이 있다면 **앞으로 나아가는 또 하나의 계획**이 된다. 자신에게 가장 적합한 계획표란 알록달록 예쁘게 꾸민 계획표가 아니라 쓰고 지우기를 반복하며 진화해가는 계획표다. 온갖 색연필과 형광펜으로 화려한 옷을 입기보다는 군더더기 없이 자기에게 잘 맞는 옷을 입는 것이 현명하고 더 아름답다.

모방범

학교에도 모방범들이 있다. 그중 **완벽한 모방범**들은 1등의 공부법을 따르되, 그대로 따르지 않고 그것을 자기만의 것으로 만들어버리는 자들이다.

어설픈 모방범들이 1등의 공부법을 그대로 따르는 자들로, 성공할 확률이 무척 낮다. 완벽한 모방범들은 **1등의 공부법을 기준 삼아 본질에서 벗어나지 않는 모방을 하는 자**들로, 원본을 능가하는 더 창의적인 결과물을 만들어 내기도 한다.

이미지
트
레
이
닝

과정 중심의 교육과정과 학생참여형 수업이 강화되면서 수업 시간의 모습이 달라지고 있다. 발표수업과 토론수업, 협력수업 등 학생들이 직접 선생님과 다른 학생들 앞에서 발표를 해야 하는 수행평가 비중이 많이 늘었다.

발표수업에서 항상 최고점을 받는 학생이 있다. 상위권으로 갈수록 수행평가의 결과가 교과 등급의 판도를 바꿀 수 있다는 점을 생각하면 그는 **달변達辯**이라는 **훌륭한 무기를 가진 자**였다. 그가 다른 학생들과 다른 점은 '초반 5분'이었다. 물 흐르듯 너무나도 능숙하고 자연스러운 시작 덕분에 매끄럽게 흐름을 타면서 마지막까지 전달하고자 하는 메

시지를 완벽하게 소화해 내는 학생이었다. 평소에는 그저 조용한 학생이었지만 발표를 할 때는 전혀 다른 모습이 되어 선생님들의 입에서 그의 이름이 자주 회자되곤 했다.

"저는 긴장을 많이 해서, 시간이 날 때마다 제가 발표하는 모습을 자주 상상해요. 어떤 말로 시작할지, 어떤 표정을 지을지, 어디서 쉬어갈지……. 그러다 보면 점점 자신감이 생겨요."

그는 **상상을 통해 가상의 현실을 재현하는** 자였으며, 그 과정에서 자신의 단점을 장점으로 승화시킬 줄 아는 영리한 자였다.

맥

맥脈이란 사물 따위가 서로 이어져 있는 관계나 연관을 의미한다. 교과 학습에서 이러한 맥의 개념과 상통하는 것이 목차다. 공부하려고 책을 펼치는 학생들을 두 부류로 나눈다면 **목차를 보는 자**들과 **목차를 보지 않는 자**들로 나눌 수 있다.

아주 드문 경우지만 목차를 보는 자들 중에서도 그것을 단순히 참조하는 것이 아니라, 적극적으로 활용하는 이들이 있다. 그들과 이야기를 해 보면 교과의 흐름이나 구성을 정확히 꿰고 있을 뿐 아니라 한 학기의 시험 범위를 정확히 예상하는 이들도 있다. 대부분 내신 성적이 좋은 자들이다. 주로 '대단원—중단원—소단원—키워드' 식으로 체계를 잡아 내용을 정리하거나 이를 통째로 암기하는 것이 이들의 특징이다.

시험문제를 보면 머릿속에서 목차가 펼쳐지고 페이지까지 기억난다는 외계인들도 한 해 한 명씩은 있다.

형식
주
의
자

책을 볼 때 형식에 맞춰 내용을 정리하는 것에 목을 매는 자들이 있다. **형식주의자**들이다. 형식을 추구하는 공부란 어떻게 공부해야 하는지를 고민하는 것으로, 주로 공부의 방법을 중요시하는 상위권 학생들이 많다.

이와는 다르게 **목적을 추구하는 자**들이 있다. 목적을 추구하는 공부란 이것을 공부해야 하는 이유를 찾는 것으로, 공부의 형식 따위에는 별로 신경 쓰지 않는 자들이다. 고정된 형식은 탈피를 못 하는 뱀과 같고, **탈피를 못 하는 뱀은 죽게 된다**는 것을 그들은 잘 알고 있다. 형식은 수시로 바뀌고 생성과 소멸을 반복해 갈피를 잡기 어렵다. 주로 학년 최상위권 학생들이다.

해석 수준

상위 수준의 해석은 행위의 근원적 목적, 즉 '왜'와 관련된 의미를 중요시하는 반면, **하위 수준의 해석**은 구체적인 방법, 즉 '어떻게'와 관련된 의미에 비중을 둔다.

예를 들어 '손을 흔든다'는 행동이 있을 때 상위 수준의 해석은 '친절한 행동'과 같이 그 의미와 목적으로 해석하는 반면, 하위 수준의 해석은 '손을 좌우로 움직인다'와 같이 그 방법에 대해 판단하는 것이다.

주로 **'왜?'라고 묻는 자**들이 상위 수준의 해석을 하는 학생들이며, **'어떻게?'라고 묻는 자**들이 하위 수준의 해석을 하는 학생들이다.

속독

텍스트를 빠르게 읽고 이해하는 능력은 수험생에게 무척이나 중요한 요소다. 그러나 **빨리 읽는 자**들은 텍스트를 무조건 빨리 읽는 속독가들이 아니다. 달릴 때는 달리고 걸을 때는 걸어가는 자들이 진정 빨리 읽는 자들이다.

읽기의 달인이란 속독술을 가진 사람이 아니라 목적과 내용에 따라 **읽기의 속도를 자유자재로 조절하는 능력**을 갖춘 이들이다.

느리게 읽는 자들은 대부분 처음부터 끝까지 밑줄을 긋거나, 정해진 순서대로 글을 읽거나, 아무런 고민 없이 습관적으로 글을 읽는 자들이 대부분이다.

확률

배가 난파되어 바다 한가운데 빠졌다고 해 보자. 첫 번째 상황은 주변에 아무것도 없는 망망대해에 빠져 있는 것이고 두 번째 상황은 가까운 곳에 섬이 하나 보인다. 살아남을 확률은 어느 쪽이 높은가?

하나의 텍스트를 읽는다는 것은 거대한 정보의 바다에 빠져 수영을 하는 것과 같다. 방향성 없이 **무작정 수영을 시작하는 자**들이 있는가 하면, 섬으로 방향을 잡고 조류에 떠밀리고 휩쓸려도 다시 방향을 수정해서 어떻게 해서든 **살아남는 자**들이 있다. 전자는 공부를 시작할 때 별생각 없이 그냥 하는 자들이며 후자는 그 시간에 도달해야 할 목표와 방향을 생각하며 공부하는 자들이다.

바다에 빠진 자에게 섬과 같은 역할을 하는 것은 교과의 대단원이나 소단원, 글의 제목이나 목차, 학습 목표 등으로 그 재료가 다양하다.

모의고사

3월 서울시교육청 전국연합학력평가, 4월 경기도 교육청 전국연합학력평가, 6월 한국교육과정평가 원 전국연합학력평가, 7월 인천시교육청 전국연합 학력평가, 9월 한국교육과정평가원 전국연합학력 평가, 10월 서울시교육청 전국연합학력평가, 11월 한국교육과정평가원 대학수학능력시험. (2017년 3학 년 기준)

모의고사가 끝날 때마다 학생들의 희비가 엇갈린 다. 모의고사의 의의를 점수에서 찾는 이들은 시험 이 끝나고 **우는 자**들이며, 모의고사의 의의를 자신 이 모르고 있는 것을 다시 확인하는 데서 찾는 이 들은 시험이 끝나고 **웃는 자**들이다. 우는 자들은 틀린 문제를 다시 풀지 않고, 웃는 자들은 틀린 문제를 다시 푼다.

모의고사가 끝나면 교무실로 찾아와 남은 모의고사 시험지를 챙겨가는 이들이 있다. 주로 상위권 학생들이다. 가끔 2학년이나 1학년 학생들이 3학년 형들의 모의고사 시험지를 챙겨가기 위해 찾아오는 경우가 있는데, 들리는 말로는 학년에서 모두 1, 2등 하는 학생들이다.

습관을 들이려거든

37   자신만의 계획표를 만들어간다

할 수 없는 것을 가능하게 해 주는 것이 계획표다. 지속적으로 실천할 수 있고 구체적인 계획을 세워라.

38   이미지트레이닝을 생활화한다

이미지트레이닝이란 고도의 정신 집중 훈련이다. 이 방법은 피로감이 적고, 공포심을 수반하지 않으면서 어느 때고 실시할 수 있기 때문에 공부뿐만 아니라 모든 분야에서 매우 효과적이다. 지난날 최상의 컨디션이었던 상태를 되살려서, 그때에 가까운 상태를 다시 실현시켜라. 그런 다음 앞날에 대해 구체적인 그림을 그려라.

39   교과서의 단원과 목차를 적극 활용한다

교과서의 단원과 목차는 학습의 방향을 잡아 주는 좋은 기준이다. 목차를 활용해 체계적인 공부를 하라.

40 **공부의 목적을 추구한다**

나무의 뿌리란 공부의 목적과도 같다. 뿌리가 튼튼
해야 멀리, 오래갈 수 있다. 공부의 수단이 아닌 목
적을 추구하라. '나는 왜 공부하는가?' 스스로에게
물어보라. 당신이 공부를 하는 이유는 도대체 무엇
인가?

41 **상위권의 공부법을 모방한다**

이 세상에 존재하는 어떤 것도 완전한 무無에서 창
조된 것은 없다. 모방해서 취할 것은 취하고 버릴
것은 버려라. 유심히 관찰하고 걸러내서 자기 것으
로 만드는 사람이 똑똑한 사람이다.

42 **'어떻게?'라고 묻지 말고 '왜?'라고 묻는다**

'왜?'라고 묻는 사람은 깨어 있는 사람이다. '왜?'
라고 묻기를 두려워 말고 '어떻게?'라고 묻는 것을

경계하라. '어떻게'라고 묻는 게 습관이 되면 게을러지기 쉽다.

43 빠르게 읽고 생각하는 경험을 반복한다

시험이 아닌 일상에서도 빠르게 읽고 생각하는 경험을 추구하라. 모든 시험에는 제한된 시간이 있기 마련이다. 국어 시험지를 주고 24시간의 시험 시간을 준다면 학생들의 국어 점수는 올라간다. 제한된 시간 안에 집중하는 능력은 평상시의 습관에서 비롯된다.

나는 삶이 아닌 삶은
전혀 살고 싶지 않다.
나에게 있어서 삶은
가장 소중한 것이기 때문이다.
헨리 데이비드 소로
《월든》

청소시간

영업
비
밀
1

모의고사보다 내신에서 좋은 점수를 받는 학생들이 있다. 3년 동안 내신 평균 1.5등급을 유지했던 학생이 있었는데, 그는 학교 돌아가는 사정을 잘 알고 있었다.

선생님들의 과도한 수업과 업무 그리고 근무까지, 시험 철이 다가오면 선생님들이 직접 시험문제를 만들어서 출제하기에는 무리가 있다는 것을 그는 너무나 잘 알고 있었다. 그래서 평소 선생님들이 자주 참고하는 문제집을 눈여겨봤다가 시험 기간이 되면 그 문제집의 문제들을 빠르게 여러 번 보는 전략을 썼다.

이해보다는 암기 위주의 전략이었는데 결과는 적중했다. 운이 좋으면 지문과 문제가 그대로 나올 때도 있었고, 선생님마다 자주 보는 문제집의 성격이 확연히 구분되어 내신에서 꽤 오랫동안 효과를 보았다.

그는 **교무실을 뻔질나게 출입하며 자신만의 정보를 수집하는 자**였다. 유행처럼 번지는 인강 교재에는 눈도 돌리지 않고 호랑이를 잡기 위해 호랑이 굴로 들어간 영리한 새끼 호랑이였다.

영업
비
밀
2

개념에 대한 설명과 문제에 대한 관점은 교재마다 차이가 나는 경우가 있다. 이러한 것들이 정리가 되시 않거나 이해되지 않을 때는 무조건 **교무실을 찾는 자**가 있었다. 하루에 한 번씩 그가 교무실을 찾지 않으면 오히려 선생님들이 궁금해할 정도였다.

사실 그가 교무실에서 얼마나 많은 궁금증을 해결했는지는 중요하지 않다. 중요한 것은 그가 궁금한점이 생기면 제일 먼저 선생님들을 찾았다는 것과 그가 선생님들과 많이 가까워져 있었다는 것 그리고 선생님들은 그가 기특해 하나라도 더 알려 주기 위해 혈안이 되었다는 것이다.

선생님들의 입에서 시험에 대한 중요한 힌트가 살짝살짝 언급이 되었는지는 모르겠지만, 그의 내신 성적은 항상 좋았다. 그는 **선생님들이 기뻐할 때가 언제인가를 정확히 알고 있는 자**였다.

수능시험이 끝나기 전까지 출제 위원들에 대한 정보는 철저하게 보안이 유지된다. 출제 위원이 관여했던 문제집이나 교과 내용이 시험에 중요한 영향을 미칠 수 있기 때문이다.

그렇다면 내신 성적의 향방을 결정하는 학교 시험문제의 출제 위원들은 누구인가? 시험이 다가오면 학교를 벗어나 학원에서 **내신 특강을 수강하는 자들이여!** 학교에서 중간고사나 기말고사의 시험문제를 출제하는 사람들이 과연 누구란 말인가? 여러분들은 지금 누구에게 집중해야 하며, 무엇을 공부해야 한단 말인가?

옛 성인들은 단순히 글을
읽고 글의 의미를 풀이하는
식의 독서를 하지 않았다.
그런 식의 독서는 사람의 내면을
가볍게 만들기 때문이다.
독서를 할 때 중요한 것은
마음을 깊이 안정시키는 일이다.
그리고 오래도록
사색하는 일이다.
정이천의 말 〈근사록〉

1교시
2교시
3교시
4교시
5교시
6교시
7교시
보충수업
자율학습

양날의 검

아침에 **영어 듣기**를 하며 등교한다. 교실에 오자마자 **인터넷 강의 교재**를 펼쳐 놓고 공부를 시작한다. 그가 보는 교재는 요즘 문과반 아이들이 많이 보고 있는 것이다.

수업이 시작되면 **교과서**와 함께 **수능 기출문제집**과 **EBS 연계 교재**를 챙겨 수업에 들어간다. 어디까지 배웠는지 기억이 잘 나지 않는다. 시간을 내서 꼭 복습을 해야겠다고 다짐한다.

청소시간이 끝나고 보충수업을 준비하기 위해 사물함을 열자 쌓아 놓은 문제집들이 우르르 쏟아진다. **보충수업 교재**가 보이지 않는다. 어젯밤 독서실에 두고 왔다는 걸 깨닫고 서둘러 문제집을 빌리러 돌아다닌다.

오늘은 **수학 학원**을 가는 날이어서 자율학습을 하지 않고 서둘러 학교를 빠져나온다. 배가 고프다.

편의점에서 컵라면과 삼각김밥으로 끼니를 때운다. 버스가 멈추자 발걸음을 재촉하며 학원으로 향하는데, 엄마에게서 전화가 온다. 기말고사가 다가오니 한 달만 **수학, 영어 과외**를 하자는 이야기다. 시간을 보니 이미 수업이 시작되었다. 뛰기 시작한다. 학원이 끝나고 독서실로 향한다. 오늘 배운 내용은 도무지 이해가 되지 않는다. 머리도 무겁고 발걸음도 무겁다. 자판기 커피를 한 잔 마셨지만 피곤하다.

인터넷 강의를 빨리 마치고 학교 **숙제**를 해야겠다고 다짐한다. 정신을 차리니 인강은 이미 끝나 있고 벌써 자정이 가까워지고 있다. 울고 싶다. 어제도 울고 싶었는데 오늘도 울고 싶다.

조
퇴

정해진 시간 이전에 물러나는 것을 가리켜 '조퇴'라고 한다. 주로 정규수업이 끝나고 보충수업이 시작되기 전에 많이 일어나며, 금요일이 가장 피크다. 금요일만 되면 환자가 급증한다.

금요일 야자가 시작되기 전, 열이 나고 식은땀이 나더라도 어떻게 해서든 **학교에 있으려는 자들이** 있는가 하면, 온갖 인상을 쓰면서 배를 부여잡고 어떻게 해서든 **학교를 벗어나려는 자들이** 있다.

봄바람이 솔솔 불어오는 어느 따사로운 금요일 저녁, 교실을 한 바퀴만 돌아보면 그해의 입시 성적을 어느 정도는 예측할 수 있다. **몸은 거짓말을 해도 빈 책상은 거짓말을 하지 않는다.**

글씨 같은 것

글씨와 관련하여 학교에는 두 부류의 학생들이 있다. **글씨를 못 쓰는 자**들과 **글씨를 너무 못 쓰는 자**들. 그들이 써낸 논술 답안지의 절반 이상이 '해독 불가'를 이유로 최하점을 받고 있는데도, 그들은 글씨 같은 것에는 전혀 신경을 쓰지 않는 배짱 좋은 자들이다.

지저분하게

1

노트 정리를 하면서 공부하는 학생들이 있다. 노트 정리는 메모의 확장판이다. 공부와 메모는 바늘과 실처럼 서로 뗄 수 없는 관계다.

여백만 보이면 위에서 아래로, 왼쪽에서 오른쪽으로 신경 쓰지 않고 그냥 막 정리하는 자가 있다. 얼핏 보면 지저분하게 보이는 메모들인데 자세히 보면 칠판에 요약된 정보는 물론이고 선생님의 말이나 심지어 자기 생각까지 써 놓은 메모들이다.

훌륭하다. 지저분해서 남들이 보기에는 힘들지만 본인에게는 강의의 핵심을 잘 잡아 놓은 '적극적 정리'인 것이다. 그는 **예쁘게 베끼는 자**가 아니라 **핵심을 정리하는 자**였다.

지저분하게
2

'여백만 보이면 위에서 아래로, 왼쪽에서 오른쪽으로 신경 쓰지 않고 그냥 막 정리하는 자'에게 "그렇게 정리하면 나중에 볼 때 정리가 잘 안될 것 같은데?"하고 물어본 적이 있다.

지금은 서울대를 다니고 있는 그 학생 왈: "그래서 야자 시간에 그날 메모한 것들을 다시 총정리하면서 복습해요(웃음). "**우문현답**愚問賢答!

노트는 지저분했지만 그 학생의 웃음은 참으로 맑았다.

재
수

해마다 수능 원서접수 기간이 되면 원서를 접수하러 학교에 찾아오는 졸업생들이 있다. 평균 20~30명 정도 된다. 수능시험이 끝나고 성적표가 나오면 그들의 성적을 꼭 확인하는데 거의 대부분 작년 성적에 비해 떨어지거나 비슷한 수준이다. 성적이 올라 자신의 목표를 이룬 학생은 안타깝지만 아직까지 본 적이 없다.

대부분의 재수생들이 실패하는 그 이유가 참으로 궁금하지만, 한 가지 확실한 것은 재학생일 때 그들이 습관적으로 내뱉었던 말이 바로 **"안되면 재수하죠"**였다는 것이다. **"저는 다른 재수생들하고는 달라요"**라는 말도 빠지지 않고 들었던 말이다.

올해도 수능 성적표를 받았다. 어김없이 심각한 얼굴로 '재수를 생각하고 있다'는 학생의 얼굴을 물끄러미 바라보았다. 어떤 말로도 설득하기 어렵다는 것을 잘 알기에, 그가 꼭 성공하기를 간절히 빌어 주었다. 수시와 정시모집의 비율은 이미 7 대 3을 넘었다.

독
서
력
1

어휘력과 사고력을 높이는 가장 확실한 방법이 독서다. 그런데 '독서를 많이 하면 공부를 잘한다?' 맞는 말이기도 하면서 틀린 말이기도 하다.

소설가가 꿈인 학생이 있었다. 그는 고등학교 3년 동안 엄청난 책을 읽었다. 글도 몇 편 쓴 것이 있어 그가 쓴 글을 읽어 볼 기회가 있었는데 사실 많이 실망스러웠다. 맞춤법이나 문장의 오류를 떠나, 기존의 익숙한 사건과 플롯을 그대로 흉내 내거나 글을 통해 뚜렷하게 전달하고자 하는 자신만의 사유가 보이지 않았다. 그는 **독서를 많이 하는 자**였지만 **독서를 잘하는 자**는 아니었다.

독서를 잘한다는 것, 그것은 깊게 읽는 것이다. 깊게 읽는다는 것은 읽고 생각한다는 것이고, 생각을 정리해서 의미 있는 결과물을 생산해 내는 것이다. 독서를 잘하는 자들. 그들은 그게 무엇이 되었든 **깊게 읽는 자**들이다.

독서를 하지 않았는데도 성적이 높은 자들이 있다. 우리는 그들을 가리켜 **단거리선수**라 칭한다. 결코 오래가지 못한다. 그들은 인생이라는 마라톤코스를 전속력으로 달리는 중이다.

영어일기

영어를 완벽히 이해하기 위해서 단어나 구문을 암기하는 것이 아니라, **분명한 목적과 의도**를 가지고 자신의 생각을 말과 문장으로 표현하는 영어일기를 쓰는 학생이 있었다.

일기에 쓰는 내용은 주로 그날그날의 생각과 감정부터 수업 시간에 배우는 다양한 학습 내용들이었다. 인문이나 사회, 과학과 기술 등 다양한 주제를 다루는 국어 지문들은 전문용어가 많이 등장하고 문장의 구조가 복잡해 영작을 하는 데 어려움이 있었지만, 오히려 영작을 할 때 자주 발생하는 잘못된 표현을 하나씩 보완하는 데 도움이 되었다.

그는 고등학교 3년 동안 **영어학습일기**를 쓰면서 영어가 일상에 자연스럽게 녹아드는 경험을 했고, 아울러 다른 교과의 내용까지 완벽하게 이해를 해야 자연스러운 영작이 가능하다는 것을 깨우친 학생이었다.

시작은 무척 더디고 힘들었지만 시간이 지날수록 그는 자신의 공부법에 확신을 가졌다. 문장의 표현이 점점 익숙해졌고, 자신의 생각을 표현하는 방법도 다양해졌다. **전 과목의 내신 성적도 꾸준히 향상되었다.** 더 나아가 시간이 날 때마다 영미소설을 읽기 시작했고 심지어 영어로 단편소설을 쓰기도 했다. 무엇보다 일기를 쓰면서 자신의 하루를 돌아보는 습관을 가지게 되었다는 것만으로도 그는 이미 성공한 자였다.

그는 학교생활에도 상당히 적극적이었는데, 지금은 한국외대에 재학 중이다. 여전히 학교생활이 즐겁다는 이야기를 자주 한다.

단
순
화

문학 시간에 '감정이입'과 '객관적상관물'의 차이
를 설명하는 학생들을 크게 두 그룹으로 나눌 수
있다.

첫 번째 그룹은 "화자의 감정이나 생각을 주관적
으로 드러내지 않고 다른 대상이나 정황에 빗대어
표현할 때 그 대상을 가리키는 말이 '객관적상관
물'이며, 작가가 자신의 감정을 드러내기 위해 특
정한 사물에 그 감정을 부여하는 것이 '감정이입'
이다. 객관적상관물은 화자가 어떤 정서를 느끼는
계기를 제공해 주는 대상을 말하는 것이어서 객관
적상관물 중에는 화자의 감정이 그대로 반영된 감

정이입이 아닌 것들이 존재한다"라고 **책에 써 있는 내용을 그대로 반복하는 자**들이다.

두 번째 그룹은 "구슬프게 내리는 비"나 "암수 정다운 꾀꼬리유리왕의 〈황조가〉"의 예를 들어 '감정이입⊂객관적상관물'이라는 의미 관계를 **단순화하여 말하는 자**들이다.

주로 두 번째 그룹에 속한 학생들 가운데 최상위권이 많다. 그들에겐 **자신만의 언어**라는 아주 강력한 무기가 하나씩 있다.

습관을 들이려거든

44 | **스스로 정리할 시간을 확보한다**

아무리 좋은 음식도 소화를 못 시키고 계속 먹기만 하면 틸이 나듯이 아무리 좋은 교재와 훌륭한 수업도 본인이 정리하고 익히지 않으면 소용이 없다. 공부를 하려고 마음먹었다면 스스로 정리할 시간을 꼭 확보하라.

45 | **깊게 읽는다**

깊게 읽기란 생각하며 읽기를 말한다. 생각하며 읽기란 질문하는 읽기를 의미한다. 무의식적이고 무비판적인 읽기를 경계하라. 어제의 책 읽기는 어제의 것이었을 뿐 오늘은 어제와는 다른, 또 다른 읽기의 시작이다.

46 | **메모한다. 그리고 반드시 종합한다**

메모는 압축적이고 파편적이다. 사방으로 흩뿌려

진 물방울과 같다. 빠른 시간 내에 메모들을 종합하지 않으면 물방울들은 곧 증발해버려 큰 흐름을 만들 수 없다. 메모했으면 꼭 정리하고 종합하라.

47 공부한 내용을 단순화한다

복잡한 글과 문제일수록 그 내용을 단순화해서 접근하라. 단순한 것이 더 강할 때가 있다. 말이나 글을 길게 늘여 쓰기는 쉬워도 짧게 압축하는 것은 어렵다. 짧게 압축할 수 있다는 것은 그만큼 내용을 잘 이해하고 있다는 말이기 때문이다.

소크라테스의 패러독스
Socratic Paradox

"나는 아무것도 모른다는
사실만을 안다."
"I know that know nothing."

1교시
2교시
3교시
4교시
5교시
6교시
7교시
보충수업
자율학습

결정적
실
수

야자를 빠시고 **십에서 공부하겠다고 가방을 싸는 자**
들이 있다. 인생에서 그들이 처음으로 하는 실수는
바로 야자를 빠지고 집으로 가는 그 순간이다.

13시간

08:40 1교시 수업 시작 시간. 22:00 야간 자율학습이 끝나는 하교 시간. **하루에 학교에서 공부할 수 있는 시간 약 13시간**. 일주일에 78시간. 한 달 평균 312시간. 18,720분.

야간 자율학습이 끝나는 하교 시간은 **집으로 가는 자**들과 **독서실이나 학원으로 가는 자**들로 정확히 나뉜다. 아직까지 24:00 이후에 잠자리에 드는 자들이 공부에서 큰 성과를 내는 걸 본 적이 없다.

인터넷

강
의

1

유명 인터넷 강사들의 교재가 심심찮게 눈에 띈다. 특정 탐구 과목을 선택한 학생들이 모두 같은 인강 교재를 들고 다니는 경우도 종종 있다. 귀가 얇은 학생들이 대부분이다. 시험이 다가오면 자습을 빠지고 인강을 들으러 집으로 가는 자들이 있고 **주말을 이용해 필요한 부분만 골라서 보는 자**들도 있다. 주로 성적이 높은 쪽은 후자다. **자습을 빠지고 인강을 들으러 집으로 가는 자**들의 첫 번째 실수는 집에서 인강을 듣는다는 것이고 두 번째 실수도 자습을 빠지고 집에서 인강을 듣는다는 것이다.

자습을 빠지고 인강을 들으러 집으로 가는 자들의 일반적인 특징은 단기간에 부족한 과목의 인강을 처음부터 끝까지 다 들어버리겠다고 무리한 계획을 세운다는 것과 의지가 약해 주변의 유혹에 쉽게 넘어간다는 것이다. 이들 중에는 자신이 어떤 부분에서 보충이 필요한지를 정확히 모르는 자들이 많고 **자신이 등한시했던 학교 수업의 연장이 인강이라는 사실을 애써 외면하는 자들**이다.

위 속에 엄청난 음식물들을 쌓아 두고 소화도 못 시킨 채 불안감 때문에 고통을 참아가며 몸에 좋다는 음식물들을 계속 집어넣는 셈이다. 밤마다 고통스러운 얼굴로 잠이 드는 수험생들이 안타깝다.

누적의

중
요
성

자투리란 자로 재어 팔거나 재단하다가 남은 천의 조각을 일컫는 말이다. 학교생활에서도 이러한 자투리 시간은 의외로 많다. 특히 수업 시간을 전후로 5분에서 10분 정도 남는 경우가 많은데, 대부분의 학생들은 이러한 예정에 없던 시간을 아무것도 하지 않은 채 멍하니 흘려보내거나 친구들과 잡담을 하거나 책상에 엎드려 잠을 자버린다. 적게는 하루에 30분, 많게는 60분이 넘을 때도 있다.

대부분의 학생들과는 다르게 **자투리 시간을 잘 활용하는 자**가 있었는데, 그는 자투리 시간이 생길 때마다 5분에서 10분 안에 해결할 수 있는 국어 비문학 지문과 영어 지문을 분석했고 3점짜리 수학 문제를 풀었다. 그렇게 하루, 일주일, 한 달, 일 년을 보냈다.

상위권으로 갈수록 상황을 역전시키기는 힘들다. 다들 같은 교재로 공부하고 공부하는 시간도 비슷하기 때문이다. 하지만 그는 상위권에서 성적 향상의 폭이 가장 큰 학생이었다. 그는 자투리 시간의 중요성과 그러한 시간이 쌓이면 얼마나 큰 변화를 가져오는지를 잘 알고 있었다. 그에게는 모든 순간이 기회였다. 그는 **시간의 소중함을 아는 자**였다.

빅
데
이
터

시험이 끝날 때마다 **시험문제를 분석하는 자**가 있다. 그가 쓰는 방법은 의외로 간단하다. 왼쪽에는 교과서를 놓고 오른쪽엔 시험지를 놓는다. 그리고는 시험에 나왔던 문제가 교과서 어디에서 출제되었는지를 체크하고 그 부분을 다시 공부한다. 모의고사든 중간고사든 가리지 않고 체크해간다.

교과서에는 그동안 출제되었던 부분들이 중복되거나 누적된다. 한 학기가 지나면 그의 교과서는 단순한 교과서가 아니라, 시험에 대해 중요한 정보를 제공해 주는 **빅데이터**Big Data가 된다. 어떤 부분이 시험에 자주 출제되는지, 어떤 부분이 아직 출제되지 않았는지 심지어 교과 선생님들의 출제 성향까지 파악할 정도가 된다.

그는 숲을 보고 나무를 만지는 아주 영리한 자다. 시험이 끝나고 시험지를 다시 보는 학생은 무척 드물다. 그래서 그가 시간이 지날수록 1%의 학생이 되어 가는지도 모른다.

공부의
틀
1

예습과 **수업** 그리고 **복습**은 서로가 긴밀하게 연결된 하나의 유기체다. 삼위일체. 이 세 가지가 자연스럽게 하나의 과정으로 이어질 때 학습의 효과는 극대화된다. 단순하지만 단순하지 않은 이야기다. 예습과 수업 그리고 복습이라는 큰 틀 속에 끊임없이 재료들을 붓고 굳히며 거대한 집을 지어가는 위대한 지식의 건축가를 가리켜 **공부의 틀이 있는 자**라고 한다.

자습 시간이 되면 '수업시간표'를 꺼내놓고 공부 계획을 세우는 학생이 있었다. 물론 다음 날 시간표를 보고 세우는 **예습계획**이다. 그런 다음 노트를 반으로 접어 왼쪽은 예습 공간으로, 오른쪽은 수업 공간으로 활용한다.

이해할 수 없는 내용들은 표시를 해 두고 수업 시간에 노트 오른쪽에 선생님의 풀이를 적어가며 **수업** 시간을 100% 활용한다. 이해가 되지 않는 부분에 더 집중할 수 있다는 점에서 아주 효과적인 방법임에는 틀림없다.

수업이 끝나면 그 자리에서 바로 **복습**을 한다. 복습은 자신의 풀이 방법과 선생님의 풀이 방법을 비교하는 방식으로 한다.

그가 한 달에 쓰는 노트는 평균 20권 정도다.

단권화

수시 지원을 계획한 학생들은 내신 성적을 중요하게 생각한다. 당연하다. 하지만 요즘에는 당연한 깃이 당언하시 않은 자들도 꽤 많다. 일반적으로 내신 성적이 좋은 학생들이 모의고사 성적도 좋지만 그중에서도 상대적으로 **내신 성적이 유난히 좋은 자**가 있다. 수시전형으로 고려대에 합격한 학생도 그랬다.

그는 수업 시간은 물론 혼자서 공부할 때도 필기를 자주 했는데, 단순한 필기가 아니라 **모든 내용을 한 권에 집약시키는 단권화 필기 전략**을 썼다. 수업 시간에 배운 내용은 빨간색으로 1차 필기를 하고, 혼자서 공부할 때 참고서 등을 보고 새롭게 공부한 내용은 파란색으로 2차 필기를 했다. 중요도가 높은 내용은 포스트잇에 따로 적어 뒀는데, 이러한 전략은 시험 보기 전 짧은 시간에 중요한 내용을 빠르게 여러 번 공부하는 데 매우 효과적이었다.

일종의 **자신만의 교재**를 만드는 것이었는데, 시간이 갈수록 내용은 충실해지고 공부에 투자하는 시간이 줄어드는 아주 영리한 공부 습관이었다.

그해 그가 받은 수능 점수로는 고려대를 지원할 수조차 없었다. 그는 대학 입시에 성공한 몇 안 되는 전략가였다.

뼈
대
1

찰흙으로 조형물을 만들 때 가장 먼저 해야 할 일이
철사로 뼈대를 만드는 일이다. 뼈대가 튼튼해야 디
테일이 살아난다. 표정이나 움직임, 질감, 색감 등
은 뼈대를 만든 후 살을 붙여가며 만드는 것이다.
그런 의미에서 **교과서의 목차를 활용하며 공부하는
자**들의 공부법은 충분히 주목해 볼 만한 가치가 있
다. 그들에게 목차란 조형물의 뼈대와 같은 것으
로, 전체를 아우를 수 있는 안목을 길러 주고 각 부
분부분에 살을 붙여가며 세부적인 내용까지 공부
할 수 있도록 해 주는 아주 유용한 길잡이다.

다른 학생들보다 암기 능력이 뛰어난 학생이 있었다. 그가 교과 내용을 기억하는 방법은 바로 목차를 활용하는 것이었다. 그가 제일 먼저 하는 일은 보지 않고도 목차를 정확히 그려 낼 수 있을 때까지 목차를 암기하는 것이었고, 그런 다음에는 각 단원의 핵심 키워드를 분류하고 핵심 키워드를 목차에 적어가면서 중요한 사항들을 기억했다.

이 방법은 지식 간의 체계와 연관 관계를 이해하는 데 아주 유용했으며, 시험문제를 풀 때 **목차가 문제 해결의 근거를 찾을 수 있는 기준**이 된다는 점에서 무척 유용한 전략이었다.

그는 **목차의 중요성을 아는 자**였으며 **체계의 중요성을 아는 자**이기도 했다. 3년 동안 내신 성적 최상위권을 유지했던 그는 지금 서울대 경영학과에 재학 중이다.

기록가

무엇인가를 기록으로 남긴다는 것은 힘든 일이면
서도 한편으로는 위대한 일이기도 하다. 계획표에
자신의 공부 시간을 **끈질기게 기록해 온 자**가 있다.
대부분의 학생들이 그렇게 하지 못하는 이유는 기
록을 하는 순간 자신이 하루에 실제 공부한 시간이
3~4시간에 불과하다는 것을 인정해야 하기 때문
이다. 그런 점에서 그는 **용기 있는 자**였다.

기록을 하며 자신을 인정하고 기록만으로 자신을
알아갔다. 하루 24시간 중에서 무의식적으로 소모
하거나 허비하는 시간을 점점 줄여 나갔다. 기록이

쌓이니 자연스레 계획이 세워지고 계획이 서니 공부를 할 수 있는 시간이 확보되기 시작했다. 기록을 통해 변화하고 성장해갔다.

당연한 결과였지만, 그는 일 년간 성적이 가장 많이 향상된 학생으로 선정되어 장학금을 받았다. 졸업식 날 그는 나에게 다이어리와 볼펜을 선물해 주었다.

습관을 들이려거든

48 **학교에서 시작하고 학교에서 끝낸다**

모든 것을 학교에서 해결하라. 학교에서 제대로 하
시 못한 자들이 학원과 독서실을 찾는다. 모든 감
각과 의식을 학교 수업에 맞춰 생활하고 공부하라.

49 **공부한 시간이 아니라 내용을 체크한다**

학습 시간에는 오롯이 공부에만 집중하는 절대시
간이라는 것이 있다. 공부를 시작해서 끝낸 시간의
총량보다 중요한 것이 절대시간이며, 절대시간보
다 더 중요한 것이 공부한 내용이다. 시간을 체크하
는 학생은 있어도 내용을 체크하는 학생은 드물다.

50 **인터넷 강의에 의지하지 않는다**

인터넷 강의가 유용할 때는 수업 내용에 대한 보
충이 필요하거나 다른 관점과 시각이 궁금할 때다.
수업을 준비하는 선생님들도 가끔 인터넷 강의를

참고한다. 그뿐이다. 인터넷 강의에 전적으로 의지
하는 것은 어리석은 짓이다.

51   **자투리 시간을 효과적으로 이용한다**

집중해서 문제를 해결하는 연습을 하기에는 5분에
서 10분 정도가 가장 적당한 시간이다. 자투리 시
간에 대한 대비를 하고 학교에 가라.

52   **시험문제를 분석한다**

어느 날 자로가 공자에게 물었다. "스승님께서는
삼군三軍을 부리시는 경우 누구와 함께하시겠습니
까?" 이에 공자는 이렇게 대답한다. "맨손으로 호
랑이를 잡으려 하고, 맨발로 강을 건너다가 죽어도
뉘우치지 않는 자, 그런 사람과는 내가 함께하지
않겠다. 일에 임해서는 두려워하고 잘 도모하여 반
드시 성사시키는 그런 자와 함께하겠다." 싸움에

서 이기고 싶거든 상대부터 분석하라. 분석하면 약
점이 보이고 약점이 보이면 전략이 생긴다.

53   **공부의 틀을 견고하게 만든다**

틀이 견고할수록 일은 수월해지고 완성도는 높아
진다. 공부의 큰 틀부터 완성하라.

54   **단권화한다**

공부한 내용들을 분산시키지 말고 가능하면 한곳
으로 집약하라. 그리고 그것을 기본서로 삼고 공부
하라. 아주 유용하고 효율적인 학습서가 될 것이다.

55   **배운다**

마지막까지 배움의 자세를 잃지 않는 자가 승자다.
그러니 배워라. 그러고도 힘이 남는다면 배우고 또
배워라.